INHALTSV

EINFÜHRUNG IN DAS HEFT

Als 1492 Kolumbus den Kontinent Amerika betrat, war dieser – so nimmt die heutige Forschung es an – mit etwa 70 Millionen Menschen bevölkert. Beschränken wir uns auf Nordamerika, so geht die Schätzung auf 7 Millionen Menschen, gegliedert in mehr als 600 autonome Gesellschaften mit unterschiedlicher Sprache, Wertvorstellung, Lebensweise. Insgesamt hat man für den gesamten Kontinent von Alaska bis Feuerland 12 unterschiedliche Sprachgruppen ausgemacht, die zum Teil weiter auseinanderliegen als Englisch und Chinesisch.

Von welcher Art ist er nun, der indianische Mensch? Wie sehen wir ihn als Weiße? Unzivilisierter Wilder – edler Naturmensch? Warum interessiert er uns so sehr, und nicht nur als Kinder, sondern auch noch als Erwachsene? Was macht ihn aus, von seiner roten Haut mal abgesehen?

Der Büchermarkt beschert uns eine nicht unerhebliche Zahl von Schriften, die uns die „Weisheit der Indianer", ihr „Lebenswissen" vermitteln. Es scheint eine Weisheit zu sein, die auch auf dem Grunde unserer Seele ruht und die durch die Gestalt des Indianers in uns angerührt wird. Irgendetwas Verlorengegangenes scheint es zu sein, das wir beim Indianer zu finden glauben: Einfachheit, Naturverbundenheit, Freiheit, ein Leben im Sein und nicht so sehr im Haben, im immer mehr Haben-Müssen.

Für unsere Pädagogik, die wir sinnorientiert, ganzheitlich nennen, entdecken wir in der Denk- und Lebensweise des Indianers wertvolle Impulse. In unserem Heft „Mit den Augen und dem Herzen des Indianers die Welt sehen" möchten wir diese Impulse aufgreifen und wirksam werden lassen. Dabei geht es nicht um oberflächliche Aktivitäten, sondern um die oben schon genannten Einstellungen und Haltungen. In den Geschichten und Märchen des Heftes begegnen wir einem ganzheitlichem Lebensverständnis. Indianische Welt- oder Seinsdeutung vermag uns anzurühren und an die Wurzeln eigener Sinndeutung zu führen. Das Wissen um Heiliges, Ehrfurcht davor, Staunen und Dankbarkeit, Geschwisterlichkeit mit der Schöpfung, Verantwortung für sie sind die Wurzeln und zugleich Auswirkungen jeder wahrhaften Religion.

Dass dieses Heft geschrieben wurde, geht auf die vielfältigen Anregungen zurück, die uns Frau Rosmarie Guggenmos, Kindergartenleiterin und Therapeutin in Lindau geschenkt hat. Ihr gilt unser Dank und des weiteren allen MitarbeiterInnen unseres Heftes: Frau Martha Weiß für das Titelbild; Frau Eva Fiedler, Frau Monika Mehringer, Herrn Georg Batzer für Heftbeiträge. Eine, das Heft ergänzende Bildermappe malte R. Abe. Herr Thomas Brunnhuber schrieb dazu die Geschichte. Frau Monika Molnar gestaltete die Skizzen im Heft.
Wir wünschen allen unseren Lesern Freude am „Indianer",

Franz Kett

DAS LEBEN IST EIN KREIS - BETRACHTUNG DES TITELBILDES FÜR ERWACHSENE

Himmel und Erde sind eins.
Was trennt und verbindet, sind
Luft und Wind.
Alles Leben,
das Leben der Menschen
vollzieht sich im Kreis,
und, durch den Baum sichtbar,
in der Zahl vier.

Das Feuer, die Mitte,
eine Spirale,
Feuer und Flamme,
Wärme, Glut.
Brennen, Züngeln,
Flackern, Lodern.
Draußen und Drinnen,
Innen und Außen.
Ich bin es.
Es ist in mir.

Das Wasser, ein Kreis.
Quellen, Fließen
Sprudeln und Strudeln,
Bewegung, Leben.
Draußen und Drinnen,
Innen und Außen.
Ich bin es.
Es ist in mir.

Die Erde, ein Kreis.
Sie trägt Baum und Mais.
Sie grünt und nährt,
was auf ihr lebt.
Gefaßt von der Schlange,
der Schlangenkraft.

Leben, das fließt,
vom Anfang zum Ende
und wieder neu,
zum Kreis verbunden.
Draußen und Drinnen,
Innen und Außen.
Ich bin es.
Es ist in mir.

Leben bewegt sich,
dreht sich im Kreis,
im Rad der Zeit.
Frühling und Sommer,
Herbst und Winter.
Kindheit - Jugend,
Erwachsensein - Alter.
Draußen und Drinnen,
Innen und Außen.
Ich bin es.
Es ist in mir.

Der Baum, ein Bild
für das Leben im Kreis.
Der Frühling als Treiben,
Sprießen, Grünen,
ins Leben Aufbrechen,
in Blüte Sein.
Der Sommer als Leben,
Leben nach außen,
Leben in Fülle
und Erfüllung.
Der Herbst als Zeit
des Erntens, Reifens.
Frucht wird gebracht
für spätere Zeit.

Der Winter – Ruhe,
entlaubtes Geäst.
Leben, verborgen,
in Wurzeln und Stamm.
Warten, Erwarten,
von neuem Beginn.
Drinnen und Draußen,
Innen und Außen.
Ich bin es.
Es ist in mir.

Das Nest der Vögel,
versteckt in den Bäumen.
Das Nest der Menschen,
im Kreis erstellt.
Im Schutz des Zeltes
wird neues Leben,
wird und wächst es,
kommt es zur Welt.
Draußen und Drinnen,
Innen und Außen.
Ich bin es.
Es ist in mir.

Luft und Wind,
im Wirbel kreisend,
leise und laut,
als Säuseln,
als Sturmgebrause,
Atem und Leben
für alles, was ist.
Draußen und Drinnen,
Innen und Außen.
Ich bin es.
Es ist in mir.

Der Adler, hoch oben,
steigt auf zur Sonne,
schreit seinen Schrei.
Zieht seine Kreise
auf seine Weise,
weckt Sehnsucht
nach Weite
und Freiheit in mir.
Draußen und Drinnen,
Innen und Außen.
Ich bin es.
Es ist in mir.

Der Himmel, ein Kreis,
der grenzenlos ist,
alles umspannt,
die Sonne,
Mond, Sterne,
Nacht und Tag.
Draußen und Drinnen,
Innen und Außen.
Ich bin es.
Es ist in mir.

Alles zusammen,
Mutter Erde,
Vater Himmel
zur Einheit verbunden,
rund und ganz.
Draußen und Drinnen,
Innen und Außen.
Ich bin es.
Es ist in mir.

Heilig der Himmel.
Heilig die Erde.
Heilig der Geist,
der wirkt und waltet
in allem, was ist,
was lebt und atmet.
Heilig, ja heilig ist Er.
Draußen und Drinnen,
Innen und Außen.
Ich leb' in ihm.
Er wirkt in mir.

BETRACHTUNG DES TITELBILDES MIT KINDERN

Das Titelbild unseres Heftes ist als Poster und als Handbild erhältlich. Seine Betrachtung ist wohl mehr zum Ende unsererHeftthematik sinnvoll, gleichsam als Zusammenführung aller gemachten Erfahrungen. Seine ganzheitliche Schau und Deutung vollzieht sich sowohl auf sprachlicher Ebene wie in körperhafter Darstellung, in Lied und Tanz.

❍ Wir wählen als Unterlage und gleichsam in Fortsetzung des Bildes die Farbe des Himmels: Blau. Vier entsprechende Rhythmiktücher werden im Quadrat abgelegt und eingerundet. Das Poster findet darauf Platz.

❍ Wir versammeln uns als Indianer rund um das Bild, am besten am Boden.

❍ Wir begrüßen uns im Lied: „Hehanana, ich bin da“, Heft S. 23.

❍ Wir wiederholen die Räucherzeremonie, wie im Heft S. 35 u.f. beschrieben.

❍ Wir betrachten das Bild in Stille, doch bereits mit der Aufforderung, zu überlegen, was jeder für sich besonders wichtig findet, um es später wortlos durch Gestik, ja mit dem ganzen Körper allen vorzustellen.

❍ Die Kinder zeigen, nach einer Weile stiller Betrachtung, das ihnen Wichtige. Die Gruppe vollzieht Gestik und Körperhaltung nach, errät über dieses Tun das Dargestellte. Beispiele:

- Züngeln des Feuers
- Fließen des Wassers
- Schlange, die sich in den Schwanz beißt
- Bäume in verschiedenen Jahreszeiten
- Vogelnest
- Wirbelwind
- fliegender Adler
- Sonne, Mond, Sterne

❍ Wir hören mit größeren Kindern den Text von Black Elk: „Ihr habt bemerkt, dass alles, was ein Indianer tut, sich in Kreisläufen vollzieht …“ Siehe Heft S. 16.

❍ Wir singen und tanzen Indianerlieder und Indianertänze, das Adlerlied, Heft S. 12 und vor allem das Segenslied, Heft S. 18. Wir erbitten in diesem Lied nach indianischer Sitte den Segen für die Erde und alles, was auf ihr lebt.

SCHLANGE UND ADLER

GEDANKEN

In alten mythischen Vorstellungen gibt es für das Erdenrund, den Erdkreis das Bild des Uroboros, der Weltenschlange, die sich in den eigenen Schwanz beißt. Die Schlange steht für das Unten, das Stoffliche, die Erde insgesamt.
Im Gegenzug zur Schlange erhebt sich der Adler in die Lüfte. Er zieht hoch über der Erde seine Kreise, ja er steigt bis zur Sonne auf. Er erscheint als Symbol für das Oben, den Himmel, die Sphäre des Geistigen.
In der mexikanischen Gottheit Quetzal-coatl verbinden sich Oben und Unten, Vogel = Quetzal und Schlange = coatl. Der Gott, als gefiederte Schlange dargestellt, wird als Einheit der Gegensätze geschaut.
Gehen wir der Eigenart oder Wesensart von Schlange und Adler noch mehr nach, so wird der Schlange neben ihrer Erdverbundenheit List und Schläue zugeordnet. „Seid klug wie die Schlange", heißt es bei Mathäus 10, 16. Die Schlange vermag aus ihrer Haut zu fahren und sich so zu erneuern, zu verjüngen. In dieser Eigenschaft und wohl auch, weil sie in der Nähe des Wassers zu finden ist, wird sie zum Zeichen für Heilung, für den heilenden Arzt. Sie umwindet den Stab des Heilgottes Äskulap. Als eherne Schlange aufgerichtet, wird sie den von Feuerschlangen bedrohten Israeliten auf ihrem Wüstenzug zum Heilszeichen.
Mit dem Adler wiederum verbinden wir ein wachsames, weitsichtiges, scharfes Auge. Er haust an einem schwer zugänglichen, einsamen Ort, im Fels. Er ist von majestätischer Wesensart, wird König der Lüfte genannt und ziert so das Wappen von Königshäusern und auch unserer Bundesrepublik. In dem Kirchenlied „Lobe den Herren, den mächtigen König der Ehren" singen wir in der 2. Strophe: „Der dich auf Adelers Fittichen sicher geführet." Gottes Wirken wird mit dem eines Adlers verglichen, der seine noch nicht flugfähigen Jungen auf seinen Flügeln trägt.
Die Indianer schmücken sich mit Adlerfedern, die Häuptlinge gar mit einem Adlerkleid. Der Cheyenne „Mowai" beschreibt sich selbst im Bild des Adlers:

> *„Der Adler bin ich selbst. Gott hat mir diesen Vogel gegeben. Ich habe den Adler zu meinem Vogel gewählt, weil er der größte aller Vögel ist. Er ist der Vater, und die kleinen Vögel sind seine Kinder. Er ist stark, denn er fliegt dorthin, wo ihn niemand erreichen kann. Er ist säuberlich, denn er breitet seine Flügel aus, wenn er Futter zu sich nimmt, damit kein Schmutz darauf fällt, und er wäscht seine Klauen im Schlamm des Flusses. In seinen schwarzen und weißen Federn sehen wir den Tag und die Nacht. Deshalb trage ich auch den Fächer aus Adlerfedern. Dieses Lied also ist der Adler selbst, wie er tief Atem holt und sich seiner Stärke freut. Ich singe es im Augenblick des Sonnenaufgangs."*
> *(The Indians' Book – Natalie Curtis Dover Publications New York)*

Adler und Schlange als Gegensatzpaar faszinieren uns. Sie erinnern uns an unsere eigene Dualität, die es in Balance zu halten gilt. In ihrer Betrachtung vermögen wir vielleicht uns und unseren Kindern etwas von dieser Polarität bewusst zu machen und uns wieder ein Stückchen mehr inne zu werden, wer wir sind.
In den Spielen, die sich aus den folgenden Anschauungen entwickeln, sollen neben diesem Bewußtwerdungsprozeß vielfältige Kompetenzen eingeübt und gestärkt werden, wie: sich Eingliedern in die Gruppe, Vorstellungskraft, Gebrauch der Körpersprache, Gestaltungsvermögen und anderes mehr.

SCHLANGE SEIN

MATERIAL

Korb mit Seil, an dem alle Kinder der Gruppe Platz finden; Filz- oder Plakatkartonteile, verschiedenfarbig, in Tropfen-, Blatt-, Kreis-, Dreiecksformen geschnitten; Rhythmikseile, für jeden Teilnehmer eines.

1. Sich einfinden – Interesse wecken

❍ Ein Korb mit einem Seil (verdeckt) wird in den Kreis gebracht.
- Der Korb wird hochgehalten, von unten geschaut.
- Der Korb wandert im Kreis, wird in seiner Schwere erspürt. Vermutungen über seinen Inhalt werden angestellt.
- Einzelne erfühlen, schauen den Inhalt mit ihren Händen, behalten ihr Wissen aber noch für sich.

❍ Wer vermag von denen, die schon mehr wissen, der Gruppe etwas mitzuteilen, aber nicht über den Mund, sondern mit den Händen? Wer kann zeigen, wozu man den Gegenstand im Korb gebraucht?

2. Die Vorstellung einer Schlange entsteht

❍ Ein Seilende wird aus dem Korb gezogen und hin- und herbewegt. Was fällt uns dazu ein?

❍ Einzelne Teilnehmer ziehen das Seil Stück für Stück heraus und legen ihren Teil ab. Das Spiel endet, wenn das Seil in Gänze am Boden liegt und zwar so, wie es sich von selbst ergeben hat.

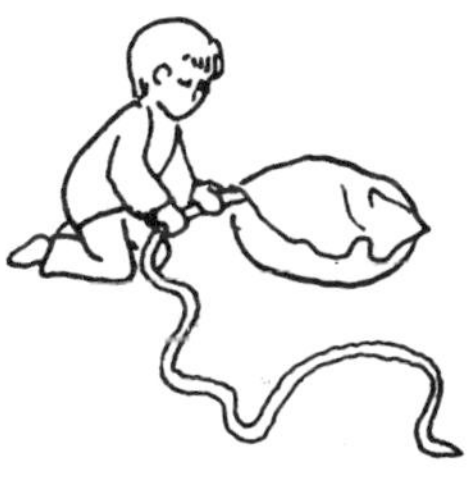

❍ Die Frage, was uns zu diesem Bild einfällt, wird erneut gestellt.
Unter den verschiedenen Assoziationen wird die Schlange genannt werden. Sie wollen wir nun sein.

3. Als Gruppe zur Schlange werden

❍ Ein Kind stellt sich an den Kopf der Seilschlange. Es ruft ein weiteres Kind durch Augenkontakt oder durch Nennung seines Namens an das Schwanzende.
Das Spiel setzt sich so fort, bis alle Kinder an der Seilschlange einen Platz gefunden haben.

❍ Wir greifen die „Schlange“ auf und bewegen uns in Schlangenweise. Der „Kopf“ führt die Gruppe. Wir können dazu rhythmisch sprechen oder auch rufen:
„Sich winden, sich wenden,
schlingeln und schlängeln,
zischen und züngeln
hin und her,
und eine Schlange,
eine Schlange sein!
Schlange, die rollt sich
aus und ein!“
Der Sprechrhythmus kann mit einer Holzblocktrommel begleitet und geleitet werden.

❍ Wir führen in verschiedene Vorstellungen, stellen sie dar, verinnern sie, z.B.
- Die Schlange rollt sich ganz ein, liegt vollkommen ruhig da, lässt sich von der Sonne bescheinen.
- Die Schlange fühlt sich durch ihre Haut beengt, sie will aus der alten Haut fahren, sich häuten, sie rollt sich aus.
- Die Schlange geht einem Hindernis (dargestellt durch den Leiter) aus dem Weg. Sie ist klug und rennt nicht mit dem Kopf gegen die Wand.
- Die Schlange beißt sich in den eigenen Schwanz und bildet einen Kreis, so rund wie die Erde.

4. Gemeinsam die Schlange gestalten – schmücken

❍ Wir legen unsere Seilschlange ab. Einzelne Kinder ordnen sie zum Kreis.

❍ Jedes Kind darf seinen Schlangenteil, Seilstück, das es gehalten hat, schmücken. Wir verwenden dazu das angeführte Legematerial.

❍ Wir suchen für unsere Schlange einen Namen.

❍ Wer hat den Mut, die Mitte des Schlangenkreises einzunehmen, eventuell als „Indianer“ mit Kopfschmuck und Redestab, um von der Schlange eine Geschichte zu erzählen?

5. Fortführung des Themas

❍ Die Kinder bewegen sich zum Sprechvers: „Sich winden, sich wenden…“ einzeln im Raum und stellen die oben angeführten Vorstellungen dar.

❍ Sie gestalten, jedes für sich, mittels eines Rhythmikseils eine Schlange, legen sie als Kreis oder zur Spirale eingerollt, suchen für sie einen Namen.

❍ Wir schauen Bilder von Schlangen, die es bei uns, in unserem Land, in fernen Ländern, im Urwald gibt. Das Thema Giftschlange wird angesprochen und entsprechendes, sachliches Wissen vermittelt.

ADLER SEIN

MATERIAL

Birkenreisig in großer Menge, eventuell einem Reisigbesen entnommen, Wollschnüre und Rhythmiktücher in den Farben grau, weiß, schwarz, ocker.

1. Ein Nest gestalten

❍ Ein Reisigbündel, verpackt, wird erfühlt. Vermutungen über den Inhalt werden angestellt. Das Reisigbündel wird entdeckt. Der Erzieher tritt mit den einzelnen Kindern in Beziehung, indem er sie mit einem Reis berührt und ihn dann übergibt.

❍ Jeder betrachtet seinen Teil, eventuell unter Augenschluß, schlägt sich behutsam damit auf die Hand.
Was ist das? Woher kommt es? Wozu braucht man es? Entsprechende Erfahrungen kommen zu Wort.
Das Reis wird abgelegt.

❍ Ein Holzreifen macht die Runde und findet in der Mitte des Stuhlkreises seinen Platz.

❍ Die Kinder legen, der Reihe nach, ihr Reis rund um den Reifen ab.
Welche Vorstellungen stellen sich durch das entstandene Bild ein?

❍ Große Federn, in den Reifen gelegt, geben Anlaß zu neuen Überlegungen.

❍ Der Vogel, der ein so großes Nest baut, der so große Federn hat, muß große Kraft, einen starken Schnabel, weite Flügel haben. Welcher Vogel mag es sein?

❍ Wir sammeln die Vorstellungen, das Wissen um den Adler und ergänzen es.
Vögel legen Eier. Aus ihnen schlüpft der Jungvogel. Wir zeigen mit den Händen, wie groß wohl das Ei eines Adlervogels sein mag.

2. Aus dem Ei schlüpfen

❍ Ein Kind setzt sich in das bereitete Nest. Andere Kinder umstehen es, bilden mit ihrem Körper, ihren Händen die schützende Eischale. Das Kind im Nest wird angeleitet, sich vorzustellen,
- wie es von der schützenden Eischale umgeben ist;
- wie die Vogelmutter, der Vogelvater mit dem Leib, den Federn das Ei warm halten, es bebrüten;
- wie das Junge im Ei wächst, Wärme, Enge, Umschlossensein durch die Eischale spürt;
- wie es eines Tages spürt, die Schale ist zu eng geworden, sie ist wie ein Gefängnis, ich muß heraus. Das Kind im „Ei" denkt sich aus, wie komme ich heraus;
- Entsprechende Versuche werden unternommen, Erklärungen gegeben.

❍ Der kleine Adlervogel hat noch keine Federn, wird von Flaum bedeckt. Er braucht weiter Schutz, Wärme. Vor allem hat er großen Hunger, will wachsen. Er muß gefüttert werden. Was bekommt er? Kinder füttern den jungen „Adlervogel" mit dem, was er gerne mag.

3. Flügge werden

❍ Der Adlervogel (Kind im Nest) wächst heran. Er bekommt Federn. Es kann ein Federkleid, Federschmuck umgehängt werden.

❍ Der junge Adler sieht zu, wie die Eltern vom Nest abheben, in der Luft Kreise ziehen, nach oben zur Sonne steigen, sich blitzschnell in die Tiefe fallen lassen. Er bekommt Sehnsucht, wie die Eltern es tun zu können. Er versucht, die Flügel zu heben, zu senken. Er spürt, wie die Kraft der Flügel wächst.

❍ Wenn das Adlerjunge am Nestrand steht, – das Nest steht auf einem Felsvorsprung hoch oben in den Bergen – und in die Tiefe schaut, bekommt es Angst, das sichere Nest zu verlassen. Ja, tragen die Flügel schon, dass es den Sprung wagen, das sichere Nest verlassen kann?

❍ Die Sehnsucht im Herzen, fliegen zu können, zur Sonne aufsteigen zu können, König der Lüfte zu sein, wird so groß, dass es den Absprung wagt. Ja, die Flügel tragen. Das Adlerjunge (Kind) kann fliegen, Kreise ziehen. Es ist ein richtiger Adler geworden. Es schreit voller Freude: „Ich kann flieeeeegen!" Die Adlereltern sind stolz auf ihr Kind.

<u>4. Wir tanzen den Adlertanz</u>

Die Kinder binden sich Stirnbänder mit Adlerfedern um. Der Adlertanz wird gesungen, getanzt.

Indian Chant
Deutscher Text & Melodiefassung: Margarete Jehn

Siehe entsprechendes Liederheft und CD von:

Margarete und Wolfgang Jehn
aus „Adler will fliegen"
Indianische Lieder und Tänze
©1997 by Autorenverlag
Worpsweder Musikwerkstatt

Am Hasenmoor 23 27726 Worpswede
Telefon 04792-1498 Telefax 04792-4098
Katalognummer 9703/LH
ISBN 3-930536-31-5

Der Tanz kann in zwei gleichgroßen, sich gegenüberstehenden Gruppen getanzt werden. Die eine Gruppe agiert. Die zweite Gruppe greift bei der Wiederholung die Bewegung auf, vollzieht sie in gleicher Weise.

Der Tanz baut sich aus vier Teilen auf:

A: Instrumentale Einleitung	Stehen
B: Lied	Bewegungsablauf, wie beschrieben
C: Instrumentales Zwischenspiel	freies Fliegen durch den Raum, das mit erneuter Aufstellung in zwei sich gegenüberstehenden Gruppen abschließt
D: Lied	Bewegungsablauf wie beschrieben

Die Bewegungen

1) Der „Adler" sitzt über dem Herzen und fliegt langsam hoch.
   (Die offenen Hände gekreuzt, die Handrücken nach außen gerichtet, bewegen sich, um das Fliegen anzudeuten; die Daumen liegen aneinander)
2) Die Arme werden zur Seite ausgestreckt.
3) Die Arme schwingen nach oben.
4) Die Arme sind gekreuzt und breiten sich dann zur Seite aus.
5) Das männliche Element.
   Die rechte Hand als geballte Faust über dem Herzen, die linke Hand wie ein Schild darüber – der rechte Fuß stampft auf.
6) Das weibliche Element:
   Die gekreuzten Arme öffnen sich vom Herzen aus, gehen nach vorne; die Bewegung kehrt sich um, d.h. von außen zum Herzen zurück.
7) wie 5)
8) wie 6

<u>5. Eine Adlergeschichte hören</u>

Die folgende Geschichte basiert auf einer Beobachtung der Indianer in den Rocky Mountains. Die Beobachtung findet sich auch bei den Menschen in Palästina, sodass im AT von einem Gott gesprochen werden kann, der sein Volk auf Adlers Fittichen sicher führt.

Damit das Adlerjunge fliegen lernt, kann oder muß es sein, dass der alte Adlervogel es über das Nest drängt. Er breitet jedoch im selben Moment die Flügel aus, um den Jungvogel zu unterfangen, wenn dieser den Abflug nicht alleine schafft und abzustürzen droht.

ERZÄHLUNG

Der Erzähler umstellt das Nest mit grauen Rhythmiktüchern, sodass die Vorstellung von Berg, Gebirge kommen kann. Er ergreift den Redestab, begibt sich in die Rolle eines Häuptlings, der den Indianermädchen und Indianerjungen, dem ganzen Stamm eine Geschichte erzählen will.

Hoch oben in den Bergen, in den Felsen, ist ein Nest, ein Adlernest. Ein Adlerpaar, Vater und Mutter bewohnen es. Manchmal sieht man sie hoch oben am Himmel Kreise ziehen. Sie schreien ihren Adlerschrei: „Ich kann fliegen!" Sie machen Beute, einen Hasen, ein Rehkitz, ein Eichhörnchen. Adlervögel fressen nicht Körner, sondern Fleisch, so wie wir Menschen auch Fleisch essen.
Eines Tages hat die Adlermutter zwei Eier gelegt. Sie setzt sich darauf. Sie wärmt und schützt sie. Sie brütet. Sie verlässt das Nest nur, wenn sie hungrig ist, Nahrung sucht. Dann setzt sich oft der Vater auf die Eier, damit sie nicht erkalten und das neue Leben, das in ihnen entsteht, nicht abstirbt.
Endlich schlüpfen die jungen Vögel aus, zuerst der eine, dann der andere. Klein sind sie und noch ganz nackt, ohne Federn, nur mit ein bisschen Flaum. Lange Hälse haben sie und ganz viel Hunger. Die alten Adler müssen den ganzen Tag fliegen, um Nahrung herbeizubringen. Mutter und Vater schützen die Jungvögel auch gegen Kälte und Wind, gegen Eis und Schnee, gegen Blitz und Donner. Sie nehmen sie unter ihre Flügel, Fittiche. Sie breiten ihre Schwingen über sie aus.
Die jungen Vögel wachsen heran. Sie bekommen Federn. Sie heben, senken ihre Flügel. Sie spüren Kraft in ihnen. Eines Tages ist es soweit. Das ältere Adlerkind sieht, wie Vater und Mutter am Himmel ihre Kreise ziehen. Es möchte es auch können. Es wagt es, vom Nestrand aus abzustoßen. Ja, es spürt, die Flügel tragen mich. Es schreit den Adlerschrei: „Ich kann flieeeegen!" Es weiß jetzt, ich bin ein Adler. Ich kann kreisen über den Höhen und Tiefen des Gebirges, über Abgründe.

❍ Die Kinder werden aufgefordert, den Adlerruf zu rufen und mit den Armen als Flügel zu fliegen.

Das zweite Junge hat nicht so viel Mut. Es steht am Nestrand. Vor ihm ist ein großer Abgrund. Es hat Angst.
Vater und Mutter wissen, unser Kind muß das Fliegen lernen. Wenn es im Nest bleibt, wird es ein Nesthocker. Auch können wir es nicht immer satt machen, schützen. Sie wissen, wir müssen das Kind aus dem Nest werfen, damit es lernt, ein Adler zu sein. Ja, so muß es sein. Und dann kommt der Augenblick. Einer der alten Adlervögel stößt das Junge aus dem Nest. Ein Schrei, die Flügel flattern, dann heben und senken sie

sich. Unser junger Adler spürt es: Ich habe Kraft. Meine Flügel tragen mich. Er schreit den Adlerschrei: „Ich kann flieeeegen!“

❍ Alle Kinder wiederholen den Ruf, schlagen mit den Armen als Flügel.

Die Adlereltern haben wache Augen gehabt. Mit ausgespannten Flügeln standen sie im Nest. Sie waren bereit, mit ihren großen Schwingen ihr Junges aufzufangen, zu unterfangen, wenn es das Fliegen nicht geschafft hätte.

6. Durch Tanzen – Gestalten den Eindruck verarbeiten

❍ Die Kinder bauen mit Reisig, Wollschnüren ihre eigenen Nester.
Sie knoten aus einem grauen, braunen, weißen oder ockerfarbenen Rhythmikuch einen Adlervogel und setzen ihn ins Nest.

Ein Lied kann unser Tun begleiten und Anregung für ein Spiel werden.

Text und Melodie: Franz Kett

2. Verlass’ das Nest und fliege,
flieg in die Welt hinein.
Musst wie ein Adler fliegen,
sollst doch ein Adler sein.

❍ Aus Vogelfedern lässt sich nach indianischer Art ein Kopfschmuck gestalten.

❍ Wir tanzen mit unserem Kopfschmuck den Adlertanz „Adler will fliegen“.

DAS LEBEN - EIN KREIS

GEDANKEN

Oben und unten, Himmel und Erde, Licht und Dunkel, Tag und Nacht, Lust und Schmerz, Leben und Tod, Geist und Stoff, Frau und Mann, Sich öffnen - Sich verschließen, Empfangen - Geben, die Reihe der Gegensatzpaare lässt sich fortsetzen. In ihrer Bewertung halten wir den einen Teil oft für besser als den anderen, bezeichnen das eine als weniger gut, ja unter Umständen als böse.

Auch das indianische Denken weiß um eine Dualität, kennt aber keinen Dualismus, d.h. es bewertet Gegensätzlichkeiten nicht als positiv und negativ, sondern schaut darin die zwei Seiten einer Wirklichkeit. Beide gilt es anzunehmen und zu durchleben. Beide zusammen ergeben das Ganze. Als Bild dafür steht der Kreis.

In indianischer Sicht geschieht ferner Entwicklung nicht in linearer Weise, in Art einer ständigen Höherentwicklung, eines stetigen Fortschritts mit einzelnen markanten Höhepunkten. Entfaltung geschieht zyklisch. Wiederum ist es der Kreis in seiner Wiederkehr und Wiederholung, in seinen größeren oder kleineren Abständen zur Mitte, der das Bild für diese Weltanschauung abgibt. Alles ist in indianischer Sichtweise miteinander verbunden, wir würden sagen, vernetzt. Der Stein, der ins Wasser fällt und horizontale Kreise zieht, ist hierfür das Zeichen. Jeder Atemzug, jeder Schritt, den ein lebendes Wesen vollzieht, hat Auswirkungen nach allen Richtungen hin. Da schleicht beispielsweise ein Fuchs am Waldrand. Was löst er aus?

> *„Eine Explosion von Aktivität! Vögel schreien Alarm. Eichhörnchen beginnen zu schnattern. Und andere Tiere hören es, bleiben stehen und nehmen wahr. Die Symphonie der Bewegungen wird unterbrochen. Sie horchen. Sie reagieren. Die Tiere weiter weg reagieren auf ihre Reaktionen. Der Scout hört es, versteht die Sprache der konzentrischen Kreise und sagt: Ein Fuchs bewegt sich am Waldrand, tausend Meter entfernt."*
>
> *(Aus einer Sendung des Bayerischen Rundfunks zum Thema: Den letzten Indianern)*

Ein klassischer Text, in dem sich die Weltsicht des Indianers spiegelt, lautet folgendermaßen:

> *„Ihr habt bemerkt", sagt der Oglalla-Schamane Black Elk, „dass alles, was ein Indianer tut, sich in Kreisläufen vollzieht. Das geschieht, weil die Kräfte des Himmels und der Erde auch in Kreisen wirken und weil alles versucht, rund zu sein. In den alten Zeiten, als wir eine starke und glückliche Nation waren, schöpften wir alle Kraft aus dem heiligen Ring*

des Volkes, und solange der Ring unverletzt war, gedieh unser Volk. Der blühende Baum war der lebendige Mittelpunkt des Ringes, und der Kreis der vier Windrichtungen nährte ihn ... Wir wissen davon, weil unsere Religion uns von der jenseitigen Welt erzählt. Alle Kräfte der Welt wirken in Kreisen. Der Himmel ist rund, und wie ich hörte, ist die Erde rund wie eine Kugel, und ebenso alle Sterne. Wenn der Wind am heftigsten weht, bildet er runde Wirbel. Die Vögel bauen ihre Nester kreisrund, denn sie haben die gleiche Religion wie wir. Die Sonne geht in einem Kreis auf und wieder unter. Der Mond macht es ebenso, und beide sind rund. – Sogar der Wechsel der Jahreszeiten bildet einen großen Kreis und kehrt immer wieder dorthin zurück, wo er begann. Das Leben der Menschen ist ein Kreis – von der Kindheit zur Kindheit –, und so ist es mit allem, worin sich die Kraft der Welt regt. Unsere Tipis waren rund wie die Nester der Vögel, und immer waren sie in einem Kreis aufgestellt, dem Ring eines Stammes, einem Nest aus vielen Nestern, in dem nach dem Willen des Großen Geistes unsere Kinder geboren wurden."

Quelle unbekannt

In der folgenden Gestaltung versuchen wir, den Kreis, den wir schon bei Schlange und Adler hatten, erneut aufzugreifen, dieses Mal als Zeichen dafür, wie unterschiedliche, ja gegensätzliche Elemente, z.B. Feuer, Wasser, Luft und Erde zusammen die Grundlage unseres Lebens und das Ganze unseres Lebensraumes bilden.

In einem indianischen Segenslied sprechen wir die Elemente an und verbinden das Oben und Unten, Himmel und Erde, oder nach indianischer Sprechweise, Vater Geist und Mutter Erde. Wir erbitten den Segen für das Wachstum aus der Erde, für das fließende Wasser, seine Fische, für das wärmespendende Feuer, für die Luft, die wir mit allen Lebewesen teilen.

In einem weiteren Spiel stellen wir Zelte auf. Jedes für sich rund und alle im Kreis, gleich einem großen Nest.

Ein drittes Spiel läßt uns ein Medizinrad gestalten, ein Bild für die Verknüpfung allen Lebens, seiner Zuordnung auf die Mitte, die „spirit", Geist ist.

HEYANANA – HEY
SEGENSTANZ FÜR DIE VIER ELEMENTE

MATERIAL

Trommel; Seil; Rhythmiktücher bzw. Chiffontücher in größerer Anzahl in den Farben braun, ocker, schwarz, grau; aber auch in grün (Vegetation), blau (Wasser), rot (Feuer), weiß (Luft).

Gestaltungsmaterial für die vier Elemente: Filz- bzw. Kartonblättchen, rund, oval, blattförmig in unterschiedlichen Farben; ebenso bunte Legeteilchen aus Holz, Glasmuggelsteine.

1. Wir singen und tanzen ein Indianerlied

❍ Der „Häuptling“ schlägt die Trommel. Er singt vor der Gruppe das Lied:

Melodie und Text: Herkunft unbekannt, mündlich überliefert

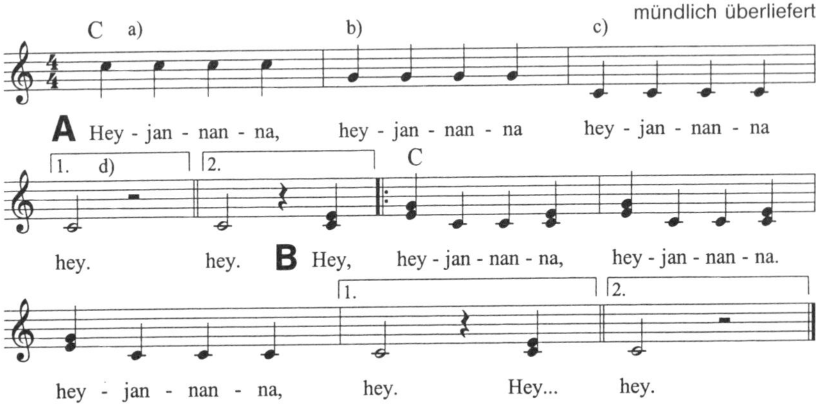

❍ Das Lied wird wiederholt. Es wandert dazu ein Seil im Kreis, an dem sich alle „Indianer“ festhalten.

❍ Das Lied wird immer wieder gesungen, bis die Kinder miteinstimmen, mitsingen. Als Instrumente können neben der Trommel Klappern, Rasseln verwendet werden.

❍ Wir gehen zum Lied, über das Seil verbunden,
- gemeinsam durch den Raum
- verbinden die beiden Enden
- gehen an Hand des Seiles im Kreis
- legen das Seil ab.

❍ Wir ordnen das Seil zum Kreis. Es lässt uns an vieles denken, was in der Natur rund ist: Schlange, Nest, Sonne, Mond, Erde, Baumstamm, usw.

❍ Wir tanzen Heyanana als Schlangen-Sonnen-Mond-Erde-Baumtanz. Er hat zwei Teile:

A: Wir umstehen den Seilkreis und bewegen uns entsprechend der zu tanzenden Bilder am Platze. Wir zeigen wie

- die Schlange sich windet
- die Sonne, der Mond aufgehen, auf die Erde scheinen
- der Baum sich im Sturm bewegt
- die Erde ein geschlossener Kreis ist.

B: Wir gehen im Rhythmus des Liedes, des Trommelschlages, nach Indianerart im Kreis, indem wir den rechten bzw. linken Arm im Wechsel nach vorne und nach hinten bewegen.

2. <u>Wir versuchen ein Rätsel zu lösen</u>

❍ Wir teilen den Kreis mit eingerollten erdfarbenen Rhythmiktüchern zunächst in zwei Halbkreise und dann in vier Viertelkreise.

❍ Einzelne Kinder gehen die Halb- bzw. Viertelkreise aus.

❍ Wenn es das Alter, die Erfahrungswelt der Kinder erlaubt, überlegen wir, was ein Ganzes mit vier Teilen sein kann.
Als Denkimpuls helfen uns Bilder

- von den vier Jahreszeiten
- von den vier Lebensaltern
- von den vier Himmelsrichtungen.

❍ Wir legen die Viertelkreise in den Farben braun, blau, rot und weiß (Chiffon) aus. Die Farben wecken Vorstellungen wie Erde, Wasser, Feuer, Luft.

❍ Wir erzählen mit den Händen

von der Erde

- wie sie schwer ist, locker, leicht, krümelig, ruhig daliegt
- offen, bereit ist, Samen aufzunehmen
- wie aus ihr Leben wächst, Gräser, Blumen.

vom Wasser

- wie es fließt, strömt, über Steine hüpft, Strudel bildet;
- wie es aus einer Quelle entspringt, zum Bach, zu einem Fluß, zu einem Strom wird;
- wie es langsam, schnell fließt, im See zur Ruhe kommt, ganz still wird;
- wie sich kleine, große Fische im Wasser bewegen.

vom Feuer

- wie es entzündet wird
- wie es flackert, züngelt, lodert
- wie die Funken fliegen, stieben
- wie es knistert (Fingerspitzen auf Handballen schlagen und abstreifen)
- wie es zusammenfällt, glutet und sich neu entfacht.

von der Luft

Wir spüren sie, indem wir
- tief ein-, ausatmen
- auf die eigene Handfläche, die des Nachbarn blasen
- den Wind hören lassen, die Wolken spielen, die vom Wind bewegt werden
- dürre Blätter, Federn fliegen lassen.

3. Wir gestalten die vier Elemente aus

Der Gestaltungsvorgang kann auf verschiedene Weise ausgeführt werden:
- Wir gestalten zusammen die Viertelkreise aus, einen nach dem anderen.
- Wir teilen uns in vier Gruppen auf. Jede Gruppe übernimmt ein Element.

- Jeder gestaltet zusätzlich zu der gemeinsamen Aufgabe noch auf einem begrenzten Platz sein Lieblingselement.
- Wir gestalten gleichfalls nach Lösung der gemeinsamen Aufgabe in Gruppen von 2 bis 4 Personen einen Rhythmikreifen mit den vier Elementen aus.

Es wird ratsam sein, vor der Gestaltungsphase mit den Kindern die jeweiligen Bilder zu besprechen, bzw. sie in einer Imaginationsübung nochmals schauen zu lassen.

<u>4. Wir tanzen einen Segenstanz für die Erde</u>

Unser „Heyjannana-lied" ist uns in Rhythmus, Melodie und in seinem Aufbau mit A- und B-Teil bereits bekannt. Siehe Heft S. 18.

<u>Bei Teil A</u> stehen wir am Platze. Die Gestik bleibt jeweils die gleiche:

Der Segen von oben kommt in mein Herz und wird von mir über die Erde ausgeteilt, verteilt:

a) Hände über dem Kopf falten
b) Hände zur Herzmitte führen
c) Hände nach unten führen
d) Handflächen nach unten rechts und links ausstreichen oder damit die Erde berühren.

<u>In Teil B</u> gehen wir im Rhythmus des Liedes, der Trommel, im Kreis. Wir zeigen dabei jeweils ein Element

- Einsäen (eine Hand ist Erde, die andere sät „tupfend" darauf)
- Wasser (Welle von links nach rechts und umgekehrt)
- Feuer (mit den Fingern vom Körper weg in die Höhe schnipsen, li.-re.-...)
- Wind (in die Hände blasen, bei „hey" hinausblasen).

Wir können im B-Teil den Segen auf viele weitere Dingen erbitten.

UNSERE TIPIS – IM KREIS AUFGESTELLT

„Unsere Tipis waren rund wie die Nester der Vögel und immer waren sie im Kreis aufgestellt, dem Ring eines Stammes, einem Nest aus vielen Nestern, in dem nach dem Willen des großen Geistes unsere Kinder geboren wurden.“ *Black Elk*

Die Tipis, von denen hier gesprochen, aus Stangen und den Häuten erlegter Elche, Hirsche und Büffel errichtet, waren vor allem bei den Wald- und Prärieindianern Nordamerikas üblich. Man zog der Vegetation und dem Zug der Wildherden nach. Man kannte Winter- und Sommerlager. Der jeweils bewohnte Platz wurde nicht leergefischt und leergejagt. Das ökologische Gleichgewicht – so würden wir sagen – wurde gewahrt. In einem Dankesritual wurde der Mutter Erde, die einen beherbergt und ernährt hat, auch etwas zurückgegeben, meist Tabakkraut. Es galt der Grundsatz, wo man etwas bekommt, gilt es auch, etwas zurückzulassen. Die Gestalt der Zelte, ihre Aufstellung entsprach dem indianischen Denken vom Leben in Kreisen, vom Eingewobensein allen Lebens in ein Ganzes.

Der Bau von Wald- und Baumhäusern, Zelten aus Bohnenstangen und alten Decken entspricht kindlichem Lebensgefühl. Es wächst aus dem kindlichen Urbedürfnis nach Schutz, Geborgenheit und Bodennähe. Naturverbundenheit kommt zum Ausdruck. Kreativität, Gestaltungskraft sind angefragt. Überhaupt weckt das Leben in der Natur das Gefühl von Weite, Freiheit. In unserem Spiel bauen wir zunächst einmal mehr symbolhaft unsere Zelte aus Rhythmiktüchern im festen Raum auf, gestalten sie liebevoll aus. Aber vielleicht wird dieses Tun im Freien fortgesetzt. Gruppen von vier bis fünf Kindern errichten mit oben genanntem Material ihre Tipis, umstalten, bemalen, schmücken, bewohnen sie. Zum Zentrum der Zelte im Kreis wird das Lagerfeuer.

Unsere Einheit setzt – zumindest bei Vorschulkindern – einigen Umgang mit dem Indianerthema voraus, steht also nicht an dessen Beginn. Sie erfordert in der vorliegenden Konzeption eine gewisse Vertrautheit mit dem Gruppengespräch, d.h. themenbezogen eigene Vorstellungen entwickeln und auch zur Sprache bringen zu können und dies unter Einhaltung von Regeln. Wir bedienen uns dabei des Redestabs, ebenfalls ein Ritual aus der indianischen Welt. Wer ihn ergreift, bekommt das Recht, zu sprechen. Alle anderen hören. Das Vermögen, sich auf eine Traumreise zu begeben und sich innerer Bilder bewusst zu werden, ist angefragt. Dann ist erforderlich, in Identifikation mit den Indianern agieren zu können. Auch wenn es schön wäre, all die genannten Kompetenzen als Voraussetzung vorzufinden, soll nicht vergessen werden, dass sie der Einübung bedürfen und dass unser Spiel dazu Anlaß wird. Es ist sinnvoll, sich zu diesem Spiel als Indianer zu schmücken, d.h. den Federschmuck anzulegen. Vielleicht genügt dazu ein Chiffontuch, um den Kopf gebunden, mit einer Feder aufgesteckt.

Wesentliche Aussage unserer Einheit ist: Dass wir Kinder unserer Erde sind. Sie ist die Mutter. Sie beschenkt uns mit allem, was wir zum Leben brauchen. Wir müssen die Erde als Mutter achten, ehren, ja, sie heilig halten.

MATERIAL

Redestab, Trommel; größere Steine, für jedes Kind einer, dazu Chiffontücher in rot, orange, gelb zur Gestaltung des Feuerplatzes.
Rhythmiktücher in den Farben schwarz, rot, blau, weiß für die Zelte.
Material zur Umstaltung der Zelte, wie kleinere und größere Steine, Zapfen, Moos, Kastanien, Bucheckern, Eicheln, Federn, naturfarbene Holzteilchen und anderes.

1. Der Häuptling ruft die Versammlung ein und spricht

❍ Schläge auf der Trommel. Mit jedem Schlag kommt ein Kind in den Kreis und nimmt auf der Erde Platz.

❍ In einem Lied nehmen wir uns als Indianergruppe, als Indianerstamm wahr.

T: Franz Kett
M: Bertram Schattel

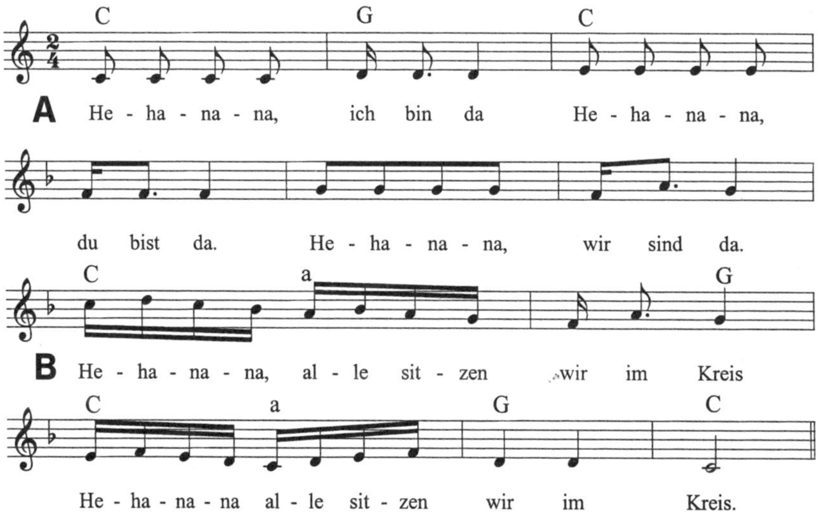

Variationen zu Teil B

Hehanana, alle reichen sich die Hand.
Hehanana, alle schauen sich jetzt an.

Im Lied verweisen wir mit der rechten Hand auf das Ich, auf das Du und beschreiben im Bogen das Wir.

❍ Der Häuptling führt unter dem Zeichen des Redestabes die Rede.

Meine Kinder!

Wir sitzen auf der Erde. Die Erde, unsere Mutter, trägt uns. Sie trägt die Felle, auf denen wir schlafen. Sie trägt die Zelte, in denen wir wohnen. Sie hat uns einen Winter lang Platz gegeben. Wir verneigen uns vor ihr und sagen:

Danke, Mutter Erde – Alle wiederholen.

Die Mutter Erde schenkt uns, was wir zum Leben brauchen. Sie ernährt uns. Sie hat uns satt gemacht mit dem, was sie uns im Herbst gegeben und wir gesammelt, getrocknet haben: Beeren, Pilze, Kastanien, Früchte aller Art. Sie hat uns satt gemacht mit dem Fleisch ihrer Tiere. Mit ihrem Wasser hat sie uns unseren Durst gestillt. Wir sind dankbar, verneigen uns vor ihr und sagen:

Danke, Mutter Erde – Alle wiederholen.

Die Mutter Erde hat uns getragen, einen Winter lang. Jetzt fängt sie wieder zu grünen an. Das Gras wächst. Die Blumen blühen. Die Bäume schlagen aus in Blättern und Blüten. Die Tiere sind aus dem Winterschlaf erwacht. Elch, Bär, Hirsch und Bison bekommen ihre Kinder.
Die Mutter Erde sagt uns. Ihr müsst jetzt fortziehen. Der alte Platz braucht jetzt Ruhe, Erholung. Sucht einen neuen Wohnort. Ihr werdet einen guten Platz finden. Ich bin ja groß und weit. Auch müsst ihr neue Vorräte sammeln: Beeren, Pilze, Nüsse, Früchte. Zieht den Tieren nach!
Wir aber wollen, bevor wir gehen, der Mutter Erde nochmals danken und uns vor ihr verneigen.

Danke, Mutter Erde – Alle wiederholen.

2. Die Indianer machen sich über einen neuen Zeltplatz Gedanken

❍ Der Häuptling regt alle an, sich vorzustellen und auszusprechen, wie der neue Zeltplatz aussehen und was vorhanden sein soll, dass es allen gut geht.

❍ Wer etwas zu sagen hat, ergreift den Redestab und spricht es aus.

3. Der Häuptling führt in einer Traumreise zum neuen Platz

❍ Er bittet die Kinder, die Augen zu schließen. Er spricht:

Ich führe euch an den neuen Platz, den die Mutter Erde uns schenkt, den wir bewohnen dürfen. Ich sehe ihn. Er ist schön.

Er ist mit hohem Gras bewachsen. Blumen gibt es, duftende Kräuter. Schmetterlinge fliegen. Bienen summen.

Eingerahmt ist er von uralten Steinen, Felsen. Moos wächst auf ihnen. Sie stehen da, wie eine Mauer. Sie schützen den Platz vor wilden Tieren, vor Feinden. Unser Platz ist wie ein Versteck.
Einzelne große Bäume schaue ich. Sie geben Schatten in der heißen Sonne. In ihren Zweigen haben Vögel ihre Nester gebaut, rund wie unsere Zelte. Am Morgen begrüßen die Vögel die aufgehende Sonne mit ihrem Lied. Am Abend besingen sie den Untergang der Sonne.

Eine Quelle entspringt aus einem der großen Felsen. Das Wasser sprudelt hervor. Es ist klar und frisch. Es schmeckt köstlich. Es sprudelt über kleine Steine. Andere Quellen kommen dazu. Ein Bach entsteht. In ihm sehe ich Krebse, Muscheln und Fische.

Auch habe ich viele Spuren von Tieren gefunden, Fußspuren von Elch, Hirsch, vom Bären, von Eichhörnchen und Kaninchen.

Die Mutter Erde sagt: Kommt meine Kinder. Laßt euch nieder! Baut eure Tipis auf! Stellt sie auf, rund wie ein Vogelnest, zusammen aber im Kreis, wie ein großes Nest! Ich gebe euch, was ihr zum Leben braucht. Ich bin eure Mutter.

❍ Der Häuptling fordert die Kinder auf, die Augen wieder zu öffnen, sich zu dehnen und zu strecken. Er beendet den Traum mit dem Impuls, sich nochmals vor der Erde zu verneigen.

Danke, Mutter Erde – Alle wiederholen.

Bei größeren Kindern könnte mit einem Text des Häuptling Seattles vertraut gemacht und dieser auch gesungen werden:

T: Häuptling Seattle 1854
M: Stefan Vesper

Quelle: Rede des Indianerhäuptlings Seattle aus „mein Liederbuch“, Band 1, 1981
alle Rechte im tvd-Verlag Düsseldorf

4. Wir bauen als Indianer unser Lager auf

- ❍ Als erstes machen wir mit unseren Augen die Mitte unseres Sitzkreises aus. Wir weisen mit den Händen darauf und markieren sie mit einem roten Chiffontuch.
- ❍ Wir gestalten um diese Mitte einen Steinkreis. Dazu erhält jedes Kind einen faustgroßen Stein. Der Kreis wird zum Feuerplatz erklärt und weitere gelb-, orange- und rotfarbene Chiffontücher symbolisieren das Feuer.
- ❍ Jedes Kind erhält ein Rhythmiktuch in der Farbe seiner Wahl: schwarz, rot, weiß, blau.
- ❍ Wir wählen als Platz für unsere Zelte den Platz, wo wir sitzen oder stehen und errichten diese um den Feuerplatz als großes Nest aus vielen kleinen Nestern.
- ❍ Wir umstalten mit dem angegebenen Material unsere Zelte, jedes Kind für sich. Der Häuptling schlägt dazu die Trommel und führt in die neue Strophe unseres Liedes ein: siehe unten
- ❍ Wir betrachten die unterschiedlichen Zelte, singen und tanzen:

Hehanana, ich bin da!
Hehanana, du bist da!
Hehanana, wir sind da!
Hehanana, schöne Zelte haben wir.
Hehanana, Mutter Erde danke dir.

Weitere Möglichkeiten wären die Wiederholung des Liedes: „Jeder Teil dieser Erde“ oder das Segenslied für die Elemente, siehe Heft S. 18.

DAS MEDIZINRAD

In alten Zeiten, als wir eine starke und glückliche Nation waren, schöpften wir alle Kraft aus dem heiligen Ring des Volkes, und solange der Ring unverletzt war, gedieh das Volk. Der blühende Baum war der Mittelpunkt des Ringes. ... Wir wissen davon, weil uns unsere Religion von der jenseitigen Welt erzählt. *Black Elk*

In Kreis und Mitte findet indianisches Welt- und Sinnverständnis einen adäquaten Ausdruck. Über die Ebenen und Prärien Nordamerikas sind große Steinkreise verteilt. Die Radnabe ist ein Steinhaufen. Weitere Steine bilden den Außenring. Dieser ist durch speichenartige Steinlinien strahlenförmig mit dem Zentrum verbunden. Am bekanntesten ist das Medizinrad von Big Horn in Wyoming, das nahezu 30 Meter im Durchmesser misst und 28 Speichen, sowie sechs kleine Steinhaufen am Rand besitzt.
Mit „Medizin" wird die Kraft des Geistes gemeint, die allem innewohnt. Das Medizinrad stellt somit die Verbundenheit und Einheit aller Dinge, allen Lebens dar, ihre Zuordnung auf eine geistige Mitte, ihre Bedingtheit durch eine solche Mitte.

In unserer christlichen Kultur finden wir bei romanischen und gotischen Kirchen vielfach ein Rad- oder Rosenfenster, zumeist auf der Westseite des Kirchenbaus, oberhalb des Hauptportals. „So wie der Kreis nur einen Mittelpunkt hat, so ist alles im Weltall dem einen Gott untertan, alles ist auf eines gerichtet, ist ein in eins Gekehrtes, ein Universum." Manfred Lurker „Die Botschaft der Symbole", Köselverlag 1990, S. 122.
In diesem Zusammenhang möchten wir verweisen, dass der Kreis und seine Mitte viele Titelbilder der Religionpäd. Praxis ziert. In dieser Symbolik äußert sich unser Verständnis von einer ganzheitlichen, sinnorientierten Pädagogik. Das Rad selbst findet sich als Titelbild in der RPP 1995-2. Eine Geschichte „Das Rad und sein Pünktchen" RPP 2002-1 erzählt von Folgen, wenn die Mitte des Rades, die Achse, verloren geht.

Zurück zum Medizinrad. Mit Kindern lässt sich ein solches mit Steinen im Freien anlegen, ähnlich einem Labyrinth.
In der folgenden Darstellung gestalten wir es mit bunten Chiffontüchern im Raum. Die Ausführung fordert von den Teilnehmern Aufmerksamkeit und Konzentration. Das äußere Zentrieren führt zu innerer Sammlung. Das gemeinsame Tun weckt ein Feeling für die Gruppe, für das Miteinander. Es wird ersichtlich, wie die Handlungsweise eines einzelnen sich auf die gesamte Gruppe auswirkt.

Als MATERIAL benötigen wir ein Seil, dessen Länge sich nach der Zahl der Gruppenmitglieder richtet (4 – 8 Meter); für jeden Teilnehmer ein Chiffontuch in beliebigem Farbton; Naturmaterial wie kleine Steinchen, Mais-, Bohnenkerne, Pflaumenkerne, Kastanien, Eicheln, leere Schneckenhäuser, Muscheln, Federn, usw. Die Gestaltung vollzieht sich in zwei Weisen:

A. GESTALTUNG NACH AUSSEN

MATERIAL

1. Spiel mit Chiffontüchern

❍ Wir schauen einen Korb mit bunten Chiffontüchern.

❍ Wir erinnern uns unter Augenschluß der Vielfalt der Farben im Korb. Welche Farbe passt für uns?

❍ Jeder zieht aus dem wieder verdeckten Korb eine Farbe. Entspricht sie der Wunschvorstellung?

❍ Es lässt sich mit den Chiffontüchern eine Vielzahl von Spielen erfinden und durchführen.
Nach einer Weile eigenen Experimentierens spielen wir gemeinsam, z.B.

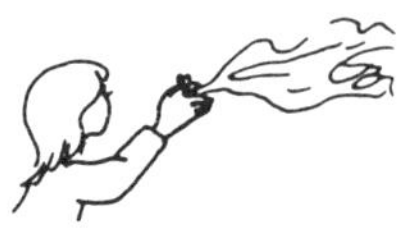

- das Tuch anblasen
- von sich weg in den Raum blasen, gemeinsam und nacheinander

- ein Ende des Tuches an einen Finger binden, das Tuch mit der entsprechenden Hand umschließen und es daraus hervorschleudern, gemeinsam und nacheinander
- das Tuch so hochhalten, dass es die Erde berührt und auf Kommando fallen lassen, gemeinsam, nacheinander, in bestimmten Farbtönen.

2. Sich über das Tuch an einem Seil anbinden

❍ Ein Seil wandert im Kreis und wird an seinen beiden Enden verknüpft.
Es wird in Kreisform abgelegt.

❍ Die Teilnehmer knüpfen ihr Chiffontuch an das am Boden liegende Seil, der Haltbarkeit wegen mit einem doppelten Knoten.
Dieser Vorgang benötigt Zeit. Er geschieht einzeln oder in Kleingruppen, z.B. alle mit einem blauen Chiffontuch, usw.

3. Ein Rad bilden

❍ Die Teilnehmer fassen gemeinsam ihre Tücher, heben sie und über sie das Seil. Was stellt die Gruppe dar? Sonne, Rad, Blume, Kopfschmuck eines Indianers, usw.

❍ Wir kommen im Umgang mit den Tüchern, dem Seil in gemeinsames Feeling. Die Umgangsweisen gehen auf Vorschläge durch die Gruppe zurück. Möglichkeiten sind:
- gemeinsames Heben und Senken
- Weitergeben der Chiffontücher, sodass sich unser Bild, Rad dreht
- gemeinsam mit den Tüchern in der Hand ein Rad bilden, das sich dreht.

❍ Wir legen unser „Rad" am Boden ab. Wir richten das Rad aus, indem einzelne (immer nur einer!) mittels seines Chiffontuches korrigiert.
Dieser Vorgang erfordert Augenmaß und Fingerspitzengefühl.
Die Korrektur durch den einen kann weitere Korrekturen durch andere nach sich ziehen. Es vermittelt sich die Einsicht, dass jede persönliche Handlung Konsequenzen für die Gruppe, die Allgemeinheit hat.

4. Das Rad-Bild fortgestalten

❍ Es gestaltet – jeder für sich – am Ende seines Chiffontuches ein Ich-Zeichen. (Naturmaterial)
Wir können auch unsere Indianernamen (siehe Heft S. 56) ins Bild bringen, z.B. Adlerauge, leuchtender Stern, starker Bär, usw.
Wir können nach unseren Krafttieren Ausschau halten und diese darstellen. (Siehe Heft Seite 59)
Auch eine Ausgestaltung zu einem Mandala ist möglich.

B. GESTALTUNG NACH INNEN

Sie baut auf der Gestaltung nach außen auf.

- Wir suchen das Zentrum, die Achse unseres Rades, bezeichnen sie mit einem runden Plättchen, einem Ring. Es kann sein, dass diese Mitte, diese Achse nach einer Erweiterung durch einen kleineren oder größeren Reifen bedarf, damit die nach innen gekehrten Chiffontücher daran anschließen.

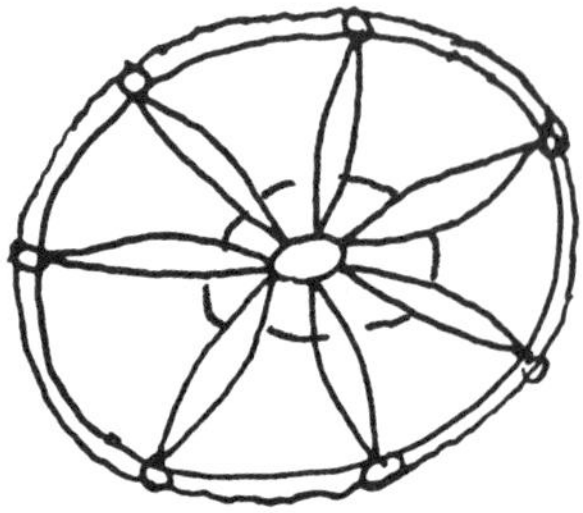

- Wir ziehen unsere Chiffontücher nach innen, richten sie auf die Achse aus. Der Vorgang geschieht im Nacheinander, d.h. jeweils durch einen Teilnehmer. Er erfordert Behutsamkeit, Aufmerksamkeit, damit der Seilkreis nicht verzogen wird. Er konzentriert die Gruppe auf die Mitte.

- Wir gestalten die Mitte mit roten, gelben, orangen Tüchern als Feuer und umtanzen es als Indianergruppe – Stamm.

DIE TROMMEL SINGT DAS LIED DER ERDE

GEDANKEN

Die Trommel ist das Hauptinstrument des nordamerikanischen Indianers. Sie begleitet seinen Gesang, bzw. umgekehrt, der Indianer singt und bewegt sich im Rhythmus der Trommel.
Die Trommel ist rund wie die Erde. Mit der Haut von Hirsch oder Büffel bespannt, singt sie das Lied der Erde. Sie lässt den Rhythmus der Erde und allen Lebens auf der Erde erklingen. Auf ihr wird der Herzschlag der Erde hörbar.
Wenn der Indianer zur Trommel tanzt, wird er sich dieses Herzschlages inne. Er identifiziert sich mit Wind, Luft, Wasser, Feuer; mit Schlange, Adler, Wolf, Bär. Im Kreise tanzend fließen Vergangenheit, Gegenwart, Zukunft zusammen und sie werden als Einheit erlebt. Verbundenheit der einzelnen in Stamm und Sippe, die Kraft und die Stärke der Gemeinschaft werden spürbar. Ihre Energie fängt zu fließen an. Die Lebensphilosophie des Indianers, wonach das Leben sich in Kreisen vollzieht, findet Ausdruck. Der Trommelrhythmus, die Bewegung dazu vermögen schließlich in Trance zu führen und es öffnet sich die Tür in die Welt des Hintergründigen, Unsichtbaren, die Welt der Geister und des Geistes.

Eine naturgetreu nachgebildete Indianertrommel fasziniert in Form und Ton Kinder wie Erwachsene. Sie klingt nach und berührt auf eigenartige Weise. Wir vermeinen, tatsächlich etwas ganz und gar Ursprüngliches, Elementares zu hören. Sie vermag zu einer Vielzahl und Vielfalt von Übungen zu inspirieren, die den Einzelnen wie die Gruppe insgesamt betreffen. Wahrnehmung im Hören, rhythmisches Empfinden werden geschult. Der Trommelschlag fährt gleichsam in die Glieder und lässt sie bewegen. Daseinsfreude wird geweckt und findet im Tanz Ausdruck. Natürlich vermögen auch Trommeln anderer Art entsprechende Wirkungen zu erzielen. Wer sich aber im Rahmen unseres Themas für eine richtige, nicht gerade billige Indianertrommel interessiert, findet sie beispielsweise unter folgender Adresse:

Reinhard Buchinger
Wiesmaden 19
A-3852 Gastern
Tel. 0043-2864-2838

GESTALTUNG

1. Eine Trommel entdecken

❍ Eine in ein Tuch (Indianermuster) gehüllte Trommel wird in Form und Gewicht erfühlt. Vorstellungen, was es wohl sein mag, werden geweckt.

❍ Die Trommel wird entdeckt
- die Form
- womit sie bespannt ist
- von welchem Tier die Haut wohl stammt
- wer sie gemacht hat.

❍ Wir bringen sie durch unterschiedliche Weise zum Tönen
- indem wir mit den Fingern darüber streichen
- mit den Fingerkuppen darauf trommeln
- sie mit den Fingern, dem Handballen schlagen
- mit einem Trommelschlegel bearbeiten.

❍ Vielleicht können wir das, was wir hören, mit Vorstellungen verbinden, z.B.
- wie der Regen fällt
- wie der Wind weht
- wie das Feuer prasselt
- wie ein Tier schleicht
- wie ein Stein fällt, usw.

❍ Die Trommel erhält ihren Platz in der Kreismitte.
Das einzelne Kind nimmt mit ihr Kontakt auf, indem es zu ihr tritt, und durch die Zahl der Schläge anzeigt, wie viel Jahre es alt ist. Der Trommler stellt sich auch mit seinem Namen vor.

2. Die Erde – eine große Trommel

❍ Ein Seil wandert im Kreis der Kinder. Wir verbinden die Seilenden und legen das Seil um die Trommel ab. Wir runden es nach Vorgabe der Trommel.

❍ Wir legen braune Rhythmiktücher an das Seilrund an.
Welche Einfälle, Vorstellungen weckt das Bild in uns?

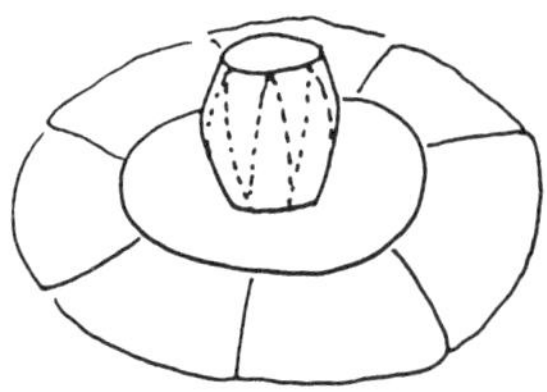

❍ Wir betonen die Vorstellung der Erde, des Erdkreises.
Einzelne dürfen ihn umschreiten
- offenen Auges
- mit geschlossenen Augen
- geführt oder
- auch ganz allein.

Der Klang der Trommel mag Anfang, Ende des Umgangs bestimmen und auch begleiten.

❍ Der Häuptling erzählt, dass die Indianer das Ohr auf die Erde legen und hören, ob eine Büffelherde kommt. Sie hören das Herz der Erde schlagen. Sie sagen, die Erde ist eine große Trommel. Sie lädt uns ein, auf ihr zu spielen.

3. Die Erdtrommel erklingen lassen

❍ Der Häuptling bittet einzelne Indianerkinder, an den Erdkreis zu kommen. Sie dürfen den Rhythmus, den er auf der Trommel schlägt, auf dem Boden, dem Erdkreis, der Erdtrommel nachschlagen.

❍ Sie dürfen selbst eine Rhythmus und eventuell eine Vorstellung dazu erfinden und zeigen.

❍ Für das Miteinander-Trommeln bieten sich Variationen an:
- alle gleichzeitig, aber jeder in seinem Rhythmus
- alle gleichzeitig, aber im vorgegebenen Rhythmus
- einer beginnt mit einem Rhythmus, er wird reihum aufgegriffen und verebbt auch wieder in dieser Folge.

Text und Melodie: Franz Kett

V: gibt Trommelrythmus vor A: wiederholen

Weitere Strophen lassen sich dichten, z.B.:

V/A: Hört das Lied der Erde! V/A: Singt es alle mit!
V/A: Hört den Regen trommeln! V/A: Trommelt alle mit!

...hört den Donner rollen, die Büffel stampfen, die Menschen tanzen, usw.

FEUER UND RAUCH

GEDANKEN

Feuer steht am Anfang unserer Erdgeschichte. Unsere Erde, von der Sonne abgespalten, war ein Feuerball. Heute noch trägt sie das Feuer in ihrem Inneren, in ihrer Tiefe. Von Zeit zu Zeit bricht es hervor, wird es durch Vulkane nach oben freigesetzt, fließt es als glühender Lavastrom nach unten. Asche, Sand, Steine bilden sich, der Erdmantel, das Erdreich, der Mutterstoff, die Materie (materia – mater – matrix – ein Wortstamm) entsteht. Anfänglich ist dieser Stoff noch ungestaltet, unbelebt. In Feuer und Flamme hat er sich jedenfalls ausgebildet. Im Feuer liegt der Ursprung allen stofflichen Seins.
Mit Feuer- und Flammenerfahrungen, die wir aus der Außenwelt gewinnen, beschreiben wir Befindlichkeiten, Prozesse unserer Innen-, Seelenwelt. Wir können entzündet, entflammt, Feuer und Flamme sein, aber auch ausgebrannt. Wir sprechen vom Feuer verzehrender Leidenschaft, von Liebesglut. Im Feuer werden Erz und Gold ausgeschmolzen. Damit wird Feuer zur Metapher für eigene Läuterung, Wandlung. Um zu unserem inneren Gold zu gelangen, müssen wir durch Feuer gehen, Feuerproben bestehen.

Wo Feuer ist, ist auch Rauch. Er hat doppelte Wirksamkeit. Er verunreinigt und reinigt zugleich. Wir sprechen von Ausräuchern und Kennen das Ritual der Räucherung am Dreikönigsfest. Unsere Wohnung soll von allem Unguten, das in der Luft liegt, gereinigt und vom Wohlgeruch des Weihrauchs erfüllt, gesegnet, ja geheiligt werden. Der aufsteigende Rauch ist ein sichtbares Zeichen der Verbindung nach Oben, mit dem Transzendenten. Der Theologe und Philosoph Romano Guardini sieht im Akt der Beräucherung „ein Geheimnis der Schönheit, die von keinem Zweck weiß, sondern frei aufsteigt. Der Liebe, die brennt und durch den Tod geht.“ (Zeichen und Symbole im Gottesdienst. Innsbruck 1977, S. 291)

Feuer und Rauch sind im indianischen Leben von besonderer Bedeutsamkeit. Man versammelt sich am nächtlichen Lagerfeuer. Hier wird getanzt, der Rat der Alten eingeholt. Im Feuer wird der Geist des Sonnenlichts, das für eine Weile im Holz gespeichert ist, freigesetzt. Die Pfeife macht die Runde. Das Pfeifenkraut, Tabak, ist eine heilige Pflanze. Der Tabakrauch, der ja zuvor das Innere des rauchenden Indianers erfüllt hat und nun ausgestoßen wird, versinnbildlicht etwas von diesem Inneren, vom Fühlen, vom Denken und der Wahrhaftigkeit der Rede.
In der Zeremonie des Pfeifenrauchens wird die erste Rauchwolke zur Mutter Erde herabgeblasen, um ihr für alles, was sie großzügig an duftenden Kräutern, an Nahrung schenkt, zu danken. Die zweite Rauchwolke richtet sich gegen Osten, der aufgehenden Sonne zu. Es ist ein Akt der Ehrerbietung der Sonne gegenüber. Die dritte Rauchwolke geht nach Süden, zum Haus der

Sommersonnenwende, die vierte nach Westen, dem Haus der untergehenden Sonne. Die fünfte Wolke wird nach Norden geschickt, zum Haus der langen Winternächte (Wintersonnenwende) und die sechste Rauchwolke gilt dem Vater Himmel, dem unergründlichen Geheimnis.
Wir erkennen in diesem Zeremoniell unschwer wiederum das ganzheitliche Weltverständnis des Indianers. Oben und unten, Himmel und Erde, die Himmelsrichtungen werden zusammengeführt, ihre Einheit wird rituell vollzogen.

WIR RÄUCHERN MIT SALBEI

Weniger bekannt als Pfeiferauchen ist das bei den Indianern gleichfalls übliche Ritual der Beräucherung. Frau Rosmarie Guggenmos, Leiterin eines Kindergartens in Lindau, hat es von einem indianischen Schamanen übernommen und uns weitergegeben. Der Medizinmann gibt Kräuter auf glühende Kohle und fächelt sie einem mittels einer Feder zu. Es ist ein therapeutischer Vorgang. Seine Intention, die auch ausgesprochen wird, ist, dass unsere Sinne, unser Denken, unser Herz gereinigt werden. Mit Kindern vollzogen, konnten wir wiederholt feststellen, wie die wohlwollende Zuwendung, die Wertschätzung, die mit diesem Tun einhergehen, für die Kinder sehr bedeutsam wurden. Verbunden mit dem Wunsch, dass Augen, Ohren, Nase, Mund offen werden für alles, was uns umgibt, dass die Gedanken klar seien, das Herz mutig, trug das Ritual zur Ich-Stärkung bei. Als Räucherkraut verwendeten wir Salbei. Es ist neben Tabak, Süßkraut und Zedernholz das vierte Kraut, dessen sich die Indianer bei ihrem Zeremoniell bedienen.

MATERIAL

Räucherschale (aus Metall oder Ton in der Größe eines Esstellers), Sand, Räucherkohle, ganzer Zweig eines getrockneten Salbeis (evtl. Salbei aus der Apotheke), Feder

1. Sich in der Runde versammeln

❍ Wir besingen und tanzen im Heyananalied die vier Elemente (siehe Heft S. 18) oder besingen unsere Versammlung (s. Heft S. 23).

❍ Die Leiterin trägt eine Räucherschale, mit Sand gefüllt und in einem braunen Tuch verhüllt, von Kind zu Kind. Jedes Kind darf von außen fühlen, welches Gewicht, welche Form, welche Beschaffenheit die verborgene Schale hat.

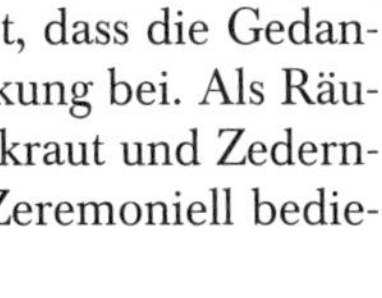

❍ In der Mitte unseres Kreises lüften wir das Tuch und die Kinder dürfen sich Schale und Sand anschauen und auch Vermutungen äußern, wofür man das benutzt. – Die Leiterin benennt den Gegenstand: Räucherschale

❍ Ein getrockneter Ast von einem Salbei wird gezeigt. Jedes Kind bekommt ein Blättchen abgebrochen, darf es vorsichtig in die Hand nehmen und betrachten. Wir äußern unsere Entdeckungen.

❍ Wir nehmen den Geruch wahr: Er entsteht bereits beim Abbrechen der Blätter. Vielleicht erinnert er die Kinder an Salbeitee oder Salbeibonbon, an Erkältung und Halsweh. Wir benennen die Pflanze: Salbei.

Salbei ist ein Heilkraut, das bei uns wächst und an vielen Orten der Erde. Auch die Indianer kennen es und benutzen es.

2. Wir atmen den Duft von Salbei ein

Wir wollen jetzt ein Heilungsritual durchführen, das wir auch von den Indianern her kennen. Dazu wird der Salbei verräuchert. Diese getrockneten Blätter werden dabei nur heiß, sie dürfen nicht brennen. Dann können wir den Duft des Salbeis im Rauch und in der Luft riechen und mit dem Einatmen aufnehmen. So heilt uns der Salbei von innen her.

❍ Eine Räucherkohle wird entzündet und auf den Sand in der Räucherschale gelegt.

❍ Nacheinander darf jedes Kind sein Salbeiblättchen auf die Kohle legen.

❍ Wir betrachten den Rauch und atmen gemeinsam langsam aus. Das Einatmen geht von selbst. Wir wiederholen die Atmung einige Male gemeinsam. Wir teilen uns mit, ob wir den Salbei wahrgenommen haben.

3. Der einzelne wird beräuchert

Bei diesem Ritual bekommt jedes einzelne Kind den Salbeirauch. Die Gruppe singt dabei einen Liederruf, der sich ständig wiederholt:

Text und Melodie: Franz Kett

❍ Die Leiterin geht mit der Räucherschale und einer Feder zu einem Kind. Sie fächelt mit der Feder dem Kind den Rauch zu, während die Gruppe weitersingt.

❍ Die Wirkung kann intensiviert werden, indem sie das einzelne Kind mit der Feder an Stirne, Augen, Ohren, Mund, Herz berührt und Wünsche äußert, wie: Ich wünsche:

- gute Gedanken
- klare Augen
- helle Ohren
- gute Worte
- ein mutiges Herz, usw.

❍ Die Schale wird wieder in die Mitte gestellt und wir nehmen uns an den Händen.

Wir schließen ab mit einem Lied.

Text und Melodie: Franz Kett

2. Wir atmen aus, wir atmen ein.
Die Luft macht Leib und Seele rein.

3. Die Luft erfüllt den ganzen Raum,
Luft für Mensch und Tier und Baum.

STREIFENHÖRNCHEN
EIN INDIANISCHES FEUERMÄRCHEN

Schauplatz unserer Geschichte ist, wie wir es auch aus einer Reihe Grimm'scher Märchen her kennen, der Wald.
Den Wald als das noch nicht gewusste, noch ungelebte Leben gilt es zu erforschen. Mit dem Wald, d.h. neuen Lebenssituationen, Lebensphasen, heißt es vertraut zu werden. Der Wald hat dabei einen Doppelaspekt. Er ist einerseits verheißungsvoll, weckt Neugierde. Andererseits flößt er als das Unbekannte Angst ein. Er birgt viele Geheimnisse und Gefahren.
In den Wald gehen, heißt, sich all dem stellen. Wir geraten oft unversehens in den Wald und suchen dann nach Orientierung. Manchmal werden ein unzulänglicher Zustand, ein unerträgliches Zuhause Anlaß, in den Wald zu gehen und Neues zu wagen. Denken wir an Hänsel und Gretel oder an Brüderchen und Schwesterchen, die ihr Elternhaus verlassen müssen, weil es am Notwendigsten, an Brot oder an Liebe fehlt. Der Wald sorgt dann für Überraschungen. Die Begegnung zwischen Schwesterchen und dem Königssohn findet statt. Ihre Liebe aber bedarf noch der Feuerprobe, einer Läuterung. Hänsel und Gretel stoßen auf das Lebkuchenhäuschen. Die eigentlichen Schätze aber birgt es innen, Gold und Edelsteine. Sie können freilich erst Eigentum werden, als die Macht der Hexe gebrochen ist, eine Klärung durch das Feuer stattgefunden hat.

Der Wald und das Feuer finden wir auch in unserem indianischen Märchen als Metapher für Eigenständig-, Selbstwerdung. Die Geschichte trägt die Züge einer Fabel. Ein Streifenhörnchen wird zur Identifikationsgestalt. Die Erziehung wird der Großmutter überlassen. Ihre Aufgabe ist es, das Enkelkind mit dem Wald, seiner Schönheit, seinen Gefahren vertraut zu machen. Sie tut es mit Liebe und mit großer Sorgfalt. Sie ist aber keine verwöhnende große Mutter. Sie weiß, dass alles Vertrautmachen zum Ziele hat, dass das Enkelkind eines Tages alleine zu gehen vermag. Sie weiß auch, dass die Situation der Blindheit unvermeidlich ist, um neu sehen zu lernen. Das Feuer ist das reinigende und läuternde Element. „Wenn du einmal nicht mehr aus und ein weißt, geh dem Rauch nach. Er wird dich zum Feuer führen", rät sie dem Enkelkind.

Die Geschichte wurde uns, wie schon das Räucherritual von Rosmarie Guggenmos geschenkt. Bereits in der RPP 1999-3 veröffentlicht, findet sie in unserem Indianerheft nochmals Platz. Für die Spiele, die uns den Wald als Lebens-, Erfahrungsraum eröffnen, danken wir Frau Elisabeth Wüstner. Als Initiationsgeschichte können wir uns das Märchen gerade auch für den Übergang von Kindergarten zur Grundschule vorstellen. Dass Großmütter die Erziehung der Enkelkinder übernehmen, da die Eltern für den „Winter" sorgen müssen, ist vielen Kindern vertraut. Außerdem können Großmütter aufgrund ihrer Lebenserfahrung sehr weise sein.

MATERIAL

Zur Gestaltung des Waldes bedürfen wir einer Vielzahl brauner und grüner Rhythmiktücher, dazu große und kleine Zapfen, Moos, Steine, Wurzeln, Tannennadeln, dürre Äste, dürre Blätter; Tiere des Waldes wie Reh, Hirsch, Fuchs, Wolf, Schlange, Wildschwein, Vogel, am besten als Holzfiguren. Für das Streifenhörnchen wählen wir ein entsprechendes Stofftier, ein Eichhörnchen mit weißen Streifen. Weiter bedarf es der Räucherschale samt Zubehör, siehe Heft S. 35.

GESTALTUNG

1. Wohin führt uns eine Geschichte?

❍ Ein erdbraunes Tuch, eine erdbraune Decke wird in der Mitte des Stuhlkreises abgelegt und von einzelnen Kindern entfaltet. Sie erzählen dabei, woran sie die Farbe erinnert, bzw. denken lässt.

❍ Kinder setzen sich einzeln auf die ausgebreitete Fläche. Sie schließen die Augen und erhalten Dinge aus dem Wald, wie z.B. Moos, einen kleinen Ast, einen Tannenzweig, Rinde, einen Stein, eine Feder, eine Eichel, einen Zapfen in die offenen Hände. Sie sollen ertasten und benennen, was sie tragen.
Die Gegenstände werden auf der Decke abgelegt.

❍ Um das Kind, das sich als letztes auf die Decke setzt, gestaltet die Gruppe mit grünen Rhythmiktüchern einen Wald. Der Schauplatz „Wald“ wird so offensichtlich.

2. Wir erkunden als Indianer den Wald

❍ Der „Häuptling“ führt die Indianerkinder in den Wald, d.h. wir ziehen unter Schlagen auf der Trommel und mit einem Ruf durch den Raum.
Wenn möglich, sollte sich die Entdeckungsreise zunächst mehr auf die Örtlichkeit, die Vegetation beziehen.

Text und Musik: Franz Kett

❍ Der Ruf wird mehrfach gesungen. Dazwischen halten wir immer wieder inne. Die Kinder erzählen, was sie alles in ihrer Vorstellung, Fantasie im Wald sehen.
Wir bleiben dabei – soweit möglich – zunächst bei den Dingen wie Moos, Höhle, Steine, Baum, Bach etc. Manches lässt sich auch verkörpern, d.h. leibhaft darstellen.

<u>3. Wir gestalten unseren Vorstellungswald</u>

❍ Der „Häuptling" übergibt jeweils zwei Indianerkindern ein braunes Rhythmiktuch und die Aufgabe, darauf ein Waldbild zu gestalten.
❍ Nach Fertigstellung werden alle Waldbilder mit dem Mittebild vereint. Es entsteht ein großer, vielfältiger Wald.

4. Wir spielen die Tiere des Waldes

❍ Der Häuptling zieht mit den Indianerkindern um den Wald. Der Ruf lautet jetzt:

„Heyohe, heyohe, heyohe!
Heyoho, heyoho, heyoho.
Durch den großen Wald
Wollen wir jetzt gehen.
Wir können viele Tiere dort hören und auch sehn.“

❍ Einzelne Kinder geben Tierlaute von sich und stellen Tiere dar. Die Gruppe errät sie und spielt sie nach.

❍ Die „Tiere“ werden ins Gesamtbild gebracht.

5. Die Geschichte

❍ Das Streifenhörnchen als Hauptfigur der Geschichte kommt ins Spiel. Es wandert von Kind zu Kind. Jedes Kind darf ihm etwas erzählen oder sich von ihm etwas erzählen lassen.

❍ Wir bauen für Streifenhörnchen am Rand unseres Waldes aus Reisig und Moos ein Nest, einen Kobel.

Erzählung

In einem großen Wald lebt eine Eichhörnchenfamilie, Vater, Mutter, die Großmutter und das neugeborene Kind.
Die Eichhörncheneltern gehen täglich in den Wald. Sie sammeln Nüsse und verstecken sie an bestimmten Plätzen für den Winter. Sie sagen zur Großmutter: „Großmutter, wir müssen viel arbeiten, du aber hast Zeit für unser Kind. Spiel mit ihm! Paß auf es auf! Du sollst ihm auch einen Namen geben, der zu ihm passt!“
Die Großmutter betrachtet das kleine Eichhörnchenkind mit Aufmerksamkeit und Liebe. Ja, sie will auf es aufpassen und ihm die Dinge des Waldes lehren. Da es einen weißen Streifen am Bauche trägt, nennt sie es Streifenhörnchen. Die Großmutter nimmt sich für ihr Enkelkind viel Zeit. Sie spielt mit ihm. Sie führt es jeden Tag in den Wald. Sie zeigt ihm die Bäume, die Nadelbäume, die Blätterbäume. Sie lehrt ihm, dass es im Wald viel Nahrhaftes gibt, die Zapfen der Tannen und Fichten,

Nüsse aller Art, Eicheln, Bucheckern, Haselnüsse, Walnüsse. Sie zeigt ihm die Tiere des Waldes, solche, vor denen man sich in acht nehmen muß, wie den Wolf und den Fuchs und solche, die gute Freunde sind: Hase und Igel, Reh und Hirsch. Ja, die Großmutter führt das Streifenhörnchen jeden Tag zu einem anderen Ort im Wald. Eines Tages sagt sie zu Streifenhörnchen. „Du kennst schon vieles. Es ist die Zeit gekommen, dass du ganz allein den Wald durchstreifen kannst."
Zunächst ist Streifenhörnchen erschrocken. Aber es vertraut der Großmutter. Es nimmt sich ein Herz und macht sich auf den Weg. Es ist anders, wenn man ganz alleine geht. Man kann hingehen, wohin man will. Streifenhörnchen entdeckt neue Orte. Ja, es vergisst bei seinem Entdecken ganz, dass es auch wieder umkehren und heimkehren müsste. Als es daran denkt, ist es schon Abend geworden. Es ist dunkel. Streifenhörnchen weiß, ich muß jetzt die Nacht im Wald verbringen. Ich muß mir einen Baum suchen, wo ich schlafen kann. Bald findet es auch einen Schlafplatz auf einem Baum, einem Baum, der große fleischige Blätter hat.
Nun sind diese Blätter nicht nur groß und fleischig, sondern auch sehr saftig. Ihr Saft ist dick und klebrig. Er tropft aus den Blättern. Er tropft auf das Streifenhörnchen, während es schläft. Es merkt nichts, bis zum Morgen. Als es aufwacht, sind die Augen verklebt. Es kann sie nicht mehr öffnen. Obwohl es Tag ist, ist alles für Streifenhörnchen dunkel, wie in einer finsteren Nacht. Es weiß nicht, wie es nach Hause finden soll.

An dieser Stelle können die Kinder die Augen schließen, sie mit beiden Händen bedecken, um die Dunkelheit nachzuempfinden. Sie werden zum Riechen angeregt. Es wurde inzwischen Holzkohle entzündet und trockenes Blattwerk darauf verbrannt.

In seiner Angst und Not riecht das Streifenhörnchen Rauch. Wo Rauch ist, ist Feuer, hat es die Großmutter gelehrt. „Ich will dem Rauch nachgehen. Ich will das Feuer suchen," sagt das Streifenhörnchen. Ja, der Rauch führt Streifenhörnchen zu einem Feuer. Da will es bleiben und ausruhen. Das Feuer aber hat eine große Kraft. Es lässt schmelzen, was die Augen von Streifenhörnchen verklebt hat. Es schmerzt, aber es öffnet die Augen. Streifenhörnchen kann wieder sehen.
Es kann alles ganz neu sehen, das Feuer, die Bäume, den Wald, sich selbst. Es findet auch den Weg nach Hause.
Zu Hause warten sie voller Sorge, die Mutter, der Vater. Die Großmutter weiß aber von allem schon Bescheid. Sie ist sehr weise. Sie kennt die Dunkelheit. Sie weiß, dass man ans Feuer muß, um neu sehen zu lernen. Sie sagt zum Streifenhörnchen: „Du hast das Feuer gefunden. Du hast viel vom Leben gelernt. Du bist jetzt groß geworden."

AJA-JESH – DIE KORBFLECHTERIN

Die Geschichte, von einem Indianer nach Europa gebracht, wurde bisher nur mündlich tradiert. Rosmarie Guggenmos erzählte sie anlässlich einer Tagung über die Welt der Indianer. Der vorliegende Text ist der Versuch einer schriftlichen Fassung dieses indianischen Märchens.

GESCHICHTE

Es war weit, weit weg von hier, an einem anderen Ort, zu einer anderen Zeit. Es war zu einer Zeit, wo die Bäume und Tiere noch zu den Menschen redeten und die Menschen diese Sprache verstanden. Da lebte ein Indianermädchen mit dem Namen: Aja-jesh. Aja-jesh heißt eigentlich: die Dumme.

Aja-jesh spielte nicht wie die Kinder ihres Dorfes. Sie ging auch nicht ihren Eltern bei der Arbeit zur Hand. Sie sah zu, wie die Mädchen oft ihrer Mutter halfen, die Maiskörner zu mahlen, Teig anzurühren, Maisbrot zu backen; wie die Jungen ihrem Vater entgegensprangen, wenn er von der Jagd heimkam, um mit ihm die Last in die Zelte zu tragen. Aja-jesh rührte keine Hand. Sie saß unter einem alten Zedernbaum und sah zu. Sie tat nichts.

Oft war Aja-jesh traurig. Keiner wusste warum, sie selbst auch nicht. Nur der alte Zedernbaum hatte eine Ahnung. Er hatte Mitleid. Zugleich ärgerte er sich und es fiel ihm ein, dass er ja sprechen konnte und so sagte er eines Tages: „Aja-jesh, steh auf und geh! Nimm dir von meinen Wurzeln einige mit, aber bewege dich und geh!"

Aja-jesh erschrak. Da hatte der Baum zu ihr gesprochen. Ganz deutlich hatte sie es verstanden: Steh auf! Nimm dir einige meiner Wurzeln und geh! Und Aja-jesh sprang auf, um zu tun, was der Baum befohlen. Sie sah die Wurzeln, die sich über der Erde zeigten. Sie nahm einige davon in die Hände. Sie waren biegsam, feucht. Aber was sollte sie damit anfangen? Da fiel ihr ein, dass ihre Mutter einen Korb davon hatte. Der war aus Wurzeln geflochten. So fing sie an, die Wurzeln miteinander zu verbinden und zu verflechten. Freilich war der Korb noch ganz unansehnlich, ganz nackt, nicht schön. Sollte sie sich wieder unter dem alten Baum niedersetzen? Aber der hatte doch gesagt: Steh auf und geh!

So trat sie aus dem Schatten des großen Baumes. Es fielen die Strahlen der Sonne auf sie. Das tat gut. Lange hatte sie nicht die Wärme der Sonne gespürt. Sie fühlte sie nun auf ihrer Haut. Sie ließ die Sonne auch ganz weit in ihr Herz. Es war ihr, als würde die Sonne ihr sagen: Behalte mein Licht in deinem Herzen! Behalte meine Wärme in deinem

Herzen! Binde etwas von mir in deinen Korb ein! So vergisst du mich nicht! Und gerne flocht Aja-jesh Strahlen der Sonne in ihren Korb hinein.

Aja-jesh spürte auch, ihr Herz war nun auch nicht mehr so dunkel, so traurig. Sie hatte jetzt Mut, den Weg, den sie gehen sollte, zu gehen. Und der führte an einem Berg vorbei. Aja-jesh staunte über seine Höhe, seine Mächtigkeit. Ganz oben, auf der Spitze, lagen Eis und Schnee. Der Berg aber stand da, hunderttausend Jahre schon. Er stand einfach da und rührte sich nicht. Es war ihr, als wollte er ihr sagen: Ja, schau mich nur an. Uralt bin ich. Der Sturmwind umbraust mich. Eis und Schnee liegen auf mir. Der Regen fällt auf mich. Die Sonne brennt auf mich herab. Ich stehe einfach da. Ich halte alles aus. Ich bin ganz standhaft. Du kannst von mir, dem Berg – Padu heiße ich – lernen. Nimm etwas von mir mit und binde es in deinen Korb hinein. Aja-jesh flocht etwas von der Farbe des Berges, von seiner Art in ihren Korb.

Es war gut so, einen Weg zu gehen. Aja-jesh fand Gefallen daran, auch wenn es nicht immer leicht war. Mal regnete oder schneite es, mal schien die Sonne. Mal war es heiß, dann wieder kalt. Mal ging es bergauf, dann wieder bergab. Auch Gewitter gab es mit Blitz und Donner. Aber Aja-jesh spürte, dass mit dem Gehen in ihr eine große Kraft wuchs. Ihr Mut wurde immer größer. So kam sie eines Tages an einen Fluss. Sie schaute ins Wasser. Sie sah den Wellen zu, hörte, wie das Wasser gluckerte, gurgelte und rauschte. Es war ihr, wie wenn der Fluss ihr sagen wollte: Leben heißt Fließen, Strömen. Ich kann Steine bewegen, kleine, aber auch große. Ich schleife sie glatt, nicht auf einmal, aber mit der Zeit. Vergiß mich nicht! Binde etwas von mir in deinen Korb ein, etwas von meiner Farbe, von meinem Leben. Und Aja-jesh hörte auf den Fluss. Sie wob etwas vom Muster der Wellen ein.

Im Fluss lebten Tiere, Muscheln, Krebse. Fische schwammen im Wasser. Ein Lachs sprang in die Höhe. Er wollte auf sich aufmerksam machen. Er wollte sagen: Sieh her auf mich! Ich schwimme nicht mit dem Strom. Ich schwimme gegen ihn. Ich komme aus dem fernen Meer. Ich möchte zurück zur Quelle, zu dem Bergsee, wo der Fluss seinen Anfang nimmt. Ich möchte zurück in ganz klares, reines Wasser. Dort kam ich zur Welt. Dort sollen auch meine Kinder zur Welt kommen. Aber, um dort hin zu gelangen, muß ich gegen den Strom schwimmen. Das kostet Kraft und Mühe. Aber es lohnt sich. Nimm etwas von meiner Farbe, von meiner Art und binde es in deinen Korb. Ja, das tat Aja-jesh gerne. Ihr Korb wurde so immer schöner. Er bekam immer mehr Muster. Sie ging ihres Weges.

Jetzt kam sie in trockenes, steiniges Land. Wüstenland nennt man es. Die Sonne schien heiß. Doch was war da? Eine Schlange schlängelte durch den Sand. Sie hatte gerade ihre alte Haut abgestreift. Sie war ihr zu eng geworden. Sie lag da. Die Schlange aber bewegte sich in ihrer neuen Haut. Die schillerte in prächtigen Farben, in Rot, Grün, Schwarz. Sie wand sich geschickt dahin. Wo sie Steine auf ihrem Weg fand, umschlängelte sie diese. Aja-jesh schaute wie gebannt zu. Sie sah, wie die Schlange züngelte. Sie hörte, wie sie zischte: Gefalle ich dir? Gefällt dir mein Muster? Dann binde etwas von mir in deinen Korb ein, damit du mich nicht vergisst!

Und dann – stellt euch vor – kam Aja-jesh, weil die Erde rund ist, wieder zu Hause, in ihrem Dorf beim alten Zedernbaum an. Alle im Dorf waren überrascht, Große und Kleine, Alte und Junge, Mädchen und Jungen. Alle freuten sich. Sie riefen: „Aja-jesh ist wieder da!" Der Häuptling aber sah gleich, Aja-jesh hat einen weiten Weg hinter sich. Sie hat einen großen Korb mit bunten Mustern mit heimgebracht. Alle bewunderten den Korb. Ein Fest wurde gefeiert und der Häuptling sprach: „Aja-jesh hat viel gelernt. Wir dürfen sie nicht mehr die Dumme nennen, sondern sie heißt jetzt die Kluge. Und ihr Kinder, geht zu ihr. Ihr könnt bei ihr Vieles lernen."

GEDANKEN

Vom Leben des Menschen wird erzählt, vom Sich-selber-finden, vom Bei-sich-ankommen. Damit es gelingt, muß man aufbrechen, fortgehen. Da die Erde rund ist, führt der Weg nach Hause. Ein Wegmärchen ist es also, wie auch die Geschichte vom Streifenhörnchen. Am Anfang steht die Nichtwissende, Dumme, am Ende die Erfahrene, Kluge. Dazwischen liegt der Weg.

Um aufzubrechen, bedarf es eines Anstoßes, eines Befehls. Steh auf, heißt er. Dies erinnert uns an die Worte, die wir immer wieder auch bei Jesus hören. So fasste er die zwölfjährige Tochter des Jairus bei der Hand und sprach: „Talita kum!, das heißt: Mädchen, ich sage dir, steh auf!" Mk 5, 41. Bei Lk. 7, 14 spricht Jesus den Jüngling von Naim an: „Ich befehle dir, junger Mann, steh auf!" Und bei Joh. 5, 8 befiehlt Jesus einem Mann, der schon achtunddreißig Jahre gelähmt auf seiner Bahre lag: „Steh auf, nimm dein Bett und geh!"

Hier ein Gottesmann, dort ein uralter Baum! Ist ein Vergleich überhaupt möglich? Nein, wenn es um Bibelexegese und theologische Deutung dieser Jesusgeschichten geht. Ja, wenn ich als Grunderfahrung ernst nehme, dass es heilmachende Kräfte gibt. Sie können in der Natur liegen. Sie können von Menschen ausgehen. Woher sie immer auch kommen, ihr Ursprung liegt in Gott. Gott wirkt in beiden. Notwendig ist in jedem Fall der Aufbruch, der Aufstand aus alten Verhaltensmustern. Es gilt, auf eigene Füße zu kommen, zu gehen.

Der alte Baum schenkt Wurzeln. Bei ihrer Annahme hat man teil an der Kraft des Baumes, seiner Verwurzelung, seinem Wesen gleichsam. Auch wenn man fortgeht, geht man nicht wurzellos fort, ohne Verankerung, Verbindung mit dem, was man Ursprung, Kindheit nennt, Heimat.

Es gilt dann, sich in seinen Möglichkeiten zu entdecken, in der Fähigkeit, Sonne zu sein und fester Fels, dem fließenden Wasser gleich, und dass es gilt, gegen den Strom zu schwimmen, will man Klarheit und Lauterheit gewinnen. Auch ist es angebracht, aus der Haut zu fahren, wenn es zu eng wird. Und, steht einem ein unüberwindbares Hindernis im Weg, nutzt es nichts, mit dem Kopf gegen die Wand zu rennen. „Seid klug wie die Schlangen", lesen wir bei Mt. 10, 16.

In der Art, wie wir als abendländische Menschen Märchen deuten, sehen wir in den genannten, der Natur entliehenen Bildern Metaphern für unser inneres, seelisches Leben. Der indianische Mensch geht da einen Schritt weiter. Er weiß sich in Einheit mit der Schöpfung. Ihr Blut fließt gleichsam in seinen Adern. So vermag er zu sagen:

Die Augen des Adlers sind in mir.
Und die Sanftheit des Hasen ist in mir.
Und die Schnelligkeit des Hirschen
ist in meinen Beinen.
Die Süße des Ahornzuckers
ist in meinem Mund.
Auch die Kraft des Bären ist in mir.
Die Farbe des Fasans ist in meiner Haut.
Der Ruf des nördlichen Tauchervogels
ist auf meiner Zunge.
Das Trommeln des Rebhuhns
ist in meinen Händen.
Und auch die Stille der Föhren
ist in mir.
Und plötzlich erkannte ich:
All dies sind die Zeichen
des Tschippewa in mir. (Connie Strong)

ENTFALTUNG – GESTALTUNG

Wenn wir mit unseren Kindern das Märchen von Aja-jesh, der Korbflechterin, entdecken, deuten, verinnern, so leitet uns als Hauptziel, Lebenswissen zu vermitteln. Wir können auch sagen, wir möchten uns über die Bilder der Geschichte selbst ein wenig besser verstehen lernen. Wir hören und schauen Verhaltensweisen, die uns zu eigen sind, als Möglichkeiten, die es zu entfalten gilt. Werde, der du bist! Wie wird einem der Lebenskorb gefüllt? Wie kommt man zu einem erfüllten Leben?

Der Weg der Vermittlung ist bei Kindern – vornehmlich im Vorschulalter – nicht so sehr die gedankliche Reflexion, wie wir sie beispielsweise im Lesen dieser Zeilen tun, sondern Erfahrung durch Tun, ein Innewerden von Leben, das sich im Vollziehen, in der Identifikation mit den Bildern, deren sich eine Geschichte bedient, ereignet. Wir verkörpern die Bilder. Dazu kommt ihre Gestaltung am Boden. Diese doppelte Verwirklichung, Darstellung bewirkt, dass wir im Bilde sind. In dieser Kombination geschieht Verstehen, ein Verstehen nicht allein auf der Kopfebene, sondern viel tiefer. Wir können es Ein-Sicht nennen, im wörtlichen wie im übertragenen Sinn. Wir wissen, dass zu Veränderungen des eigenen Verhaltens das Verstehen wohl Voraussetzung ist. Die Bewegung zu einer Veränderung löst aber mehr die Einsicht aus. Sie ist ein den ganzen Menschen in all seinen Kräften erfassender Akt.

Unser Vermittlungsweg bedient sich nun verschiedener Schritte. Es gilt, einen Raum zu schaffen, außen, wie in uns selbst, in dem die Geschichte ankommen, ihre Wirkung entfalten kann. Das bedeutet, dass, was hier in einer großen Gestalt oder Einheit aufgezeigt ist, nicht in einer Stunde zu bewältigen ist, sondern einer Reihe von kleineren Einheiten bedarf.

Da ist einmal, als Schauplatz des Geschehens die Erde selbst. Sie ist rund, gleich einer Trommel. Sie vermag Botschaften zu vermitteln. Sie singt ein Lied. Der Dichter Eichendorff sagt es mit seinen Worten: „Es liegt ein Lied in allen Dingen, die da träumen fort und fort und die Welt hebt an zu singen, triffst du nur das Zauberwort."

Für den Indianer erklingt in der Trommel das Lied, der Rhythmus der Erde. Die Einheit „Die Trommel singt das Lied der Erde" (Heft S. 31) könnte so gut den Weg in unsere Geschichte eröffnen.

Vom Weg ist die Rede. Die Erde selbst ist der Weg. Was gerade noch große Trommel war, wird Erdkreis. Seine Gestalt führt zum Ausgangspunkt zurück, freilich durch die Wegerfahrungen verändert.

Die Wegerfahrungen werden durch prägende Bilder versymbolisiert: Baum, Sonne, Fluß, Berg, Fisch, Schlange. Jedes der genannten Dinge verdient es, für sich betrachtet und gestaltet zu werden.

Das Bodenbild, in dem sich so unsere Geschichte über einen entsprechenden Zeitraum entfaltet, braucht Platz. Es sollte liegen bleiben können, zumindest der Erdkreis, in dessen Mitte wir die jeweiligen Einzelbilder ausfalten. Zur Erzählung wäre es fein, wenn wir all die Einzelbilder nochmals im Gesamten im Auge hätten. Vielleicht hat sich der „Häuptling" der Mühe unterzogen, sie auf dem Erdkreis nochmals auszulegen, gleichsam als Wegstationen für seine Erzählung.

1. Die Erde ist rund

Und dann – stellt euch vor – kam Aja-jesh, weil die Erde rund ist, wieder zu Hause, in ihrem Dorf beim alten Zedernbaum an.

❍ Wir greifen auf das Bild der Erde als großer Trommel zurück, siehe Heft S. 32 und gestalten den Erdkreis unter diesem Aspekt neu. Erdfarbene Rhythmiktücher liegen im Kreis. Wir setzen uns darum.

❍ Wir lassen auf verschiedene Weise die „Erdtrommel“ erklingen.

❍ Jeder Indianer wählt sich aus einem Körbchen eine runde Scheibe aus. Letztere kann verschiedene Farben aufweisen, kann aus Filz, Stoff oder Tonpapier, Plakatkarton gefertigt sein.

❍ Ein Indianer beginnt. Er sucht sich einen Ausgangspunkt auf dem Erdkreis. Er umwandert ihn. Wieder angekommen, legt er sein Zeichen an diesem Punkt ab.
Wir begleiten das Gehen mit Schlagen auf der Trommel. Dabei sprechen bzw. rufen wir:

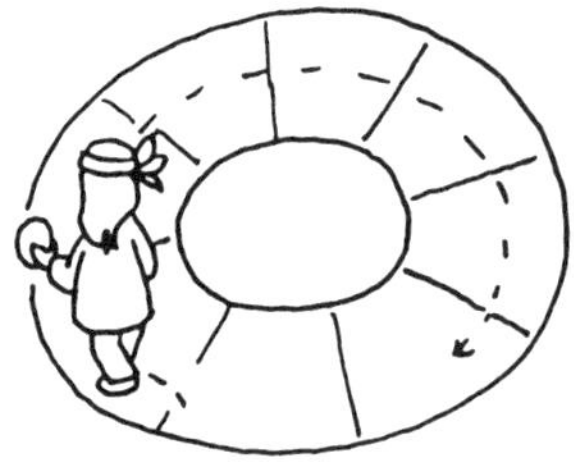

Die Trommel singt,
die Trommel klingt.
Geh deinen Weg,
ja geh!
Du Erdenkind,
du Menschenkind,
geh deinen Weg,
ja geh!
Geh deinen Weg,
geh bis zum Ziel,
der Anfang wird das Ende.
Geh deinen Weg,
geh bis zum Ziel.
Geh deinen Weg,
ja geh!

❍ Haben alle Indianer den Weg abgeschritten und den Ort, der Anfang und Ende zugleich ist, markiert, werden die einzelnen Punkte mit buntem Legematerial noch ausgestaltet.

2. Der alte Baum

Dem alten Zedernbaum fiel ein, dass er ja sprechen konnte. So sagte er eines Tages: Aja-jesh, steh auf und geh! Nimm dir einige von meinen Wurzeln mit, aber bewege dich und geh!

❍ Wir betrachten eine Baumscheibe.
Was vermögen die Rinde die Ringe uns zu erzählen?

❍ Wir stellen uns einen großen Baum vor und verleiblichen die Vorstellung.
- Wir zeigen mit Armen, Händen den Umfang.
- Wir fahren den Vorstellungsbaum hoch, von der Wurzel bis zur Krone.
- Wir werden selbst der Baum, indem wir uns mit den Füßen verwurzeln, mit dem Leib, den Armen Stamm und Krone bilden.

❍ Was wir einzeln getan, tun wir in der Großgruppe. Ein großer Baum entsteht. Einige sind der Stamm. Andere verbinden sich als Äste mit dem Stamm. Wiederum andere halten als Wurzeln den Baum fest in der Erde.

❍ Wir spüren als Baum,
- dass er schon sehr alt ist
- sehr tief verwurzelt ist
- dem Wind, dem Sturm standhält
- vieles zu erzählen weiß.

❍ Jeder gestaltet mit Rinde, Wollfäden, Blättern, aus Karton oder Filz geschnitten, seinen eigenen Baum.

3. Die wärmende Sonne

Aja-jesh trat aus dem Schatten des großen Baumes. Es fielen die Strahlen der Sonne auf sie. Das tat gut. Lange hatte sie nicht die Wärme der Sonne gespürt. Sie fühlte sie nun auf ihrer Haut. Es war ihr, als würde die Sonne ihr sagen: Behalte mein Licht in deinem Herzen! Behalte meine Wärme in deinem Herzen!

❍ Ein gelbes, rundes Sonnentuch wird entfaltet.

❍ Wir fassen gemeinsam daran und lassen die Sonne aufgehen, sich drehen, untergehen.

❍ Wir legen uns selbst als Sonnenstrahlen an die Sonne an, wärmen die Erde.

❍ An Stelle von uns selbst legen wir – jeder für sich – ein entsprechend farbiges Chiffon- bzw. Rhythmiktuch an die Sonne an.

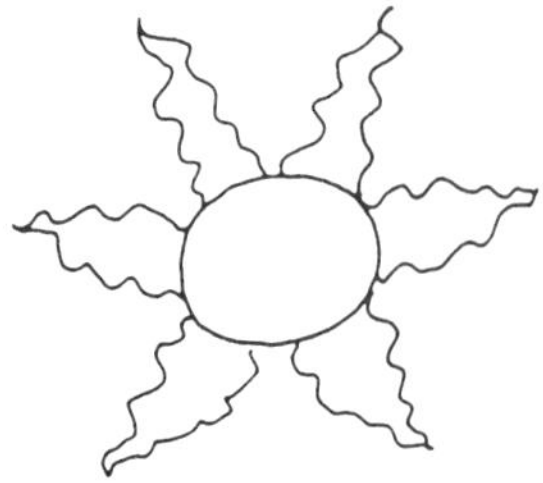

❍ Wir lassen die Sonne in den abgedunkelten Raum herein, in dem wir Fensterläden, Vorhang, Fenster öffnen.

❍ Wir spüren die Wärme der Sonne auf unserer Haut.

❍ Wir öffnen unser Herz für das Licht, die Wärme der Sonne.

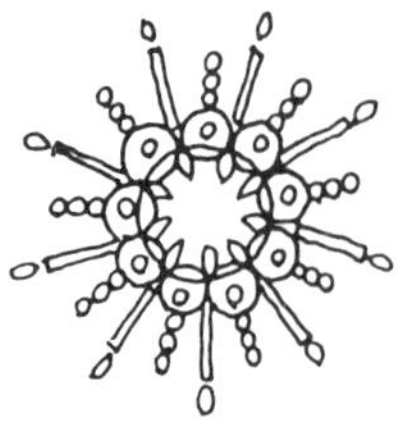

❍ Wir schauen uns mit der Sonne, ihrem Licht, ihrer Wärme im Herzen gegenseitig an.

❍ Wir gestalten – jeder für sich – eine Sonne. Dazu verwenden wir gelbe Plakatkartonkreise und Maiskörner, Sonnenblumenkerne, usw.

4. Der ruhende Berg

Der Berg aber stand da, hunderttausend Jahre alt. Er stand einfach da und rührte sich nicht. Es war Aja-jesh, als wollte er ihr sagen: Ja, schau mich nur an. Uralt bin ich. Der Sturmwind umbraust mich. Eis und Schnee liegen auf mir. Der Regen fällt auf mich. Die Sonne brennt auf mich herab. Ich stehe einfach da. Ich halte alles aus.

❍ Wir betrachten einen großen Stein, seine Festigkeit, Härte, Schwere. Woher kommt der Stein? Wie alt mag er sein?

❍ Wir errichten neben dem Stein mit grauen Tüchern, Decken einen Berg. Seine Spitze ist mit Schnee und Eis (weiße Chiffon-, Rhythmiktücher) bedeckt.

❍ Wir bilden einzeln, in kleinen Gruppen, Berge, versuchen ihre Standfestigkeit, Unerschütterlichkeit darzustellen. Wir halten in der Vorstellung Wind und jedes Wetter aus.

❍ Wir gestalten – einzeln oder paarweise – mit Steinen, Tüchern Berge. Wie heißen sie? Was vermögen sie uns mitzuteilen?

<u>5. Der bewegte Fluß</u>

So kam Aja-jesh eines Tages an einen Fluss. Sie schaute ins Wasser. Sie sah den Wellen zu, hörte, wie das Wasser gluckerte, gurgelte, rauschte. Es war ihr, wie wenn der Fluss ihr sagen wollte: Leben heißt Fließen, Strömen.

❍ Wir hören die Melodie des Wassers
- auf Instrumenten
- Glockenspiel
- Metallophon
- durch Streichen auf der Trommel.

❍ Wir spielen mit den Händen, dem ganzen Körper Wasser
- hervorquellen
- sprudeln
- fließen
- strömen
- über Steine hüpfen
- einen Strudel bilden.

❍ Das Spiel geht über in ein entsprechendes Darstellen mit weißen, blauen Chiffon-, Rhythmiktüchern.

❍ Wir kombinieren das Spiel auf den Instrumenten mit der Bewegung der Tücher.

❍ Wir gestalten mit unseren Tüchern einen Fluss.

❍ Was mag der Fluss uns zu erzählen?

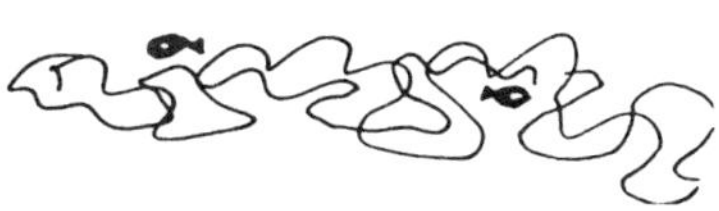

<u>6. Gegen den Strom schwimmen</u>

Ein Lachs sprang in die Höhe. Er wollte auf sich aufmerksam machen. Er wollte sagen: Sieh her auf mich! Ich schwimme nicht mit dem Strom. Ich schwimme gegen ihn. Ich komme aus dem fernen Meer. Ich möchte zurück zur Quelle, zu dem Bergsee, wo der Fluss seinen Anfang nimmt.

❍ In unserem Fluss gibt es Tiere, Fische, Muscheln, Krebse.

❍ Wir stellen die Tiere mit den Händen, durch Gestik, Bewegung, mit dem ganzen Leib dar.

❍ Der Häuptling nennt einen Fisch, der Lachs heißt. Er erzählt von seiner Besonderheit, dass er aus dem Meer kommt, zurück zur Quelle schwimmt. Er muß gegen den Strom schwimmen.

❍ Wir üben, gegen den Strom zu schwimmen. Die Mehrheit der Gruppe stellt den Strom dar. Einzelne Kinder versuchen dagegen zu schwimmen.

❍ Jeder gestaltet auf einer blauen Unterlage (Rhythmik-, Chiffontuch oder Tonpapier) mittels Wollfäden Wellen. Ein Fisch (lachsfarbenes Chiffontuch oder entsprechendes Legematerial) schwimmt gegen den Strom.

7. Eine Schlange sein

Eine Schlange schlängelte sich durch den Sand. Sie hatte gerade ihre alte Haut abgestreift. Sie war ihr zu eng geworden. Sie lag da. Die Schlange aber bewegte sich in ihrer neuen Haut.

Mit der Schlange haben wir uns bereits abgegeben. Siehe im Heft S. 6 „Schlange und Adler". Dort entwickelte Spiele, gewonnene Vorstellungen können wir aufgreifen.

❍ Wir gestalten mit ockerfarbenen Rhythmiktüchern, mit Steinen und Dornen eine Wüstenlandschaft.

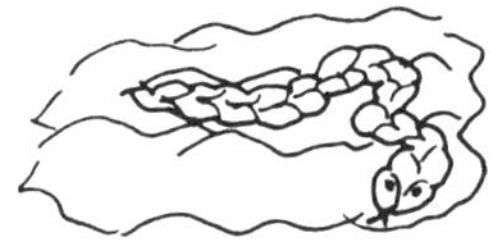

❍ Wir entdecken darin eine Schlange (aus drei Chiffontüchern in unterschiedlichen Farben, z.B. rot, grün, schwarz oder gelb, geflochten).

❍ Wir spielen auf unterschiedliche Weise Schlange.

❍ Wir gestalten Schlangen, indem wir bunte Rhythmiktücher zu einem Zopf flechten. Der Kopf der Schlange wird durch einen Knoten hervorgehoben.

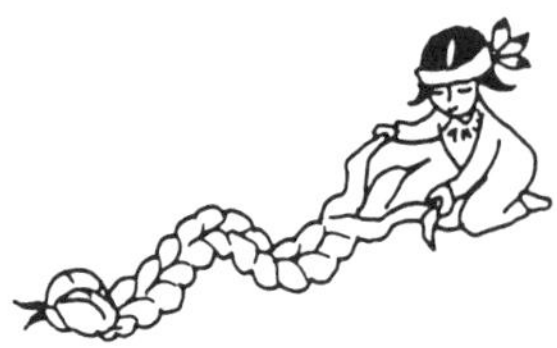

DIE ERZÄHLUNG

Die Bilder der Geschichte wurden körperhaft erlebt und fanden in den einzelnen Gestaltungen Ausdruck. Sie sind uns, auf dem „Erdkreis" verteilt, vor Augen.

Die Indianer versammeln sich mit dem Häuptling. Er zeigt ihnen einen noch nicht fertig geflochtenen Weidenkorb (in Großgärtnereien erhältlich). Vermutungen werden aufgestellt.

Die Erzählung nimmt ihren Lauf. Sie wird begleitet von einem Liederruf, der uns von Station zu Station führt und Aja-jesh jeweils auffordert, etwas von ihrer Entdeckung in den Korb zu flechten:

- eine Wurzel vom Baum (Rhythmikseil)
- einen Strahl der Sonne (gelbes Chiffontuch)
- Schnee vom Berg (Zauberwolle oder weißes Band)
- eine Welle des Flusses (blaues Chiffontuch)
- die Farbe des Lachses (lachsfarbenes Tuch)
- die Haut der Schlange (bunte Chiffontücher)

Die „Indianer" flechten zum Abschluss der Geschichte – jeder für sich – mit Wollfäden, bunten Bändern selbst einen Korb.

Der Korb vermag all die Erfahrungen versinnbildlichen, die Kinder im Laufe ihrer Kindergartenzeit oder eines Schuljahres gewonnen haben.
Die Geschichte eignet sich wohl auch für einen Elternabend. Eltern, Erzieher sind es ja, die, wie Aja-jesh, aus dem Schatz gewonnener Lebenserfahrungen Kinder anleiten sollen, ihren eigenen Lebenskorb zu finden und zu füllen.

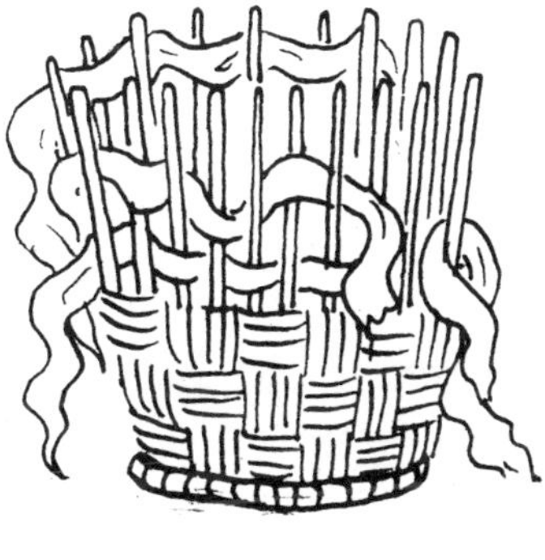

Text: Franz Kett
Melodie: 1., 2. Zeile: überliefert
3., 4. Zeile: Franz Kett

2. Sonne, Sonne, heller Sonnenschein!
In meinem Korb, da bind' ich dich ein.
Sonne will mir Zeichen sein,
so wie sie kann ich auch sein.
Sonne!

3. Mächtig steht der Berg aus Fels und Stein!
In meinem Korb, da bind' ich dich ein.
Großer Berg will Zeichen sein,
so wie er kann ich auch sein.
Großer Berg!

4. Quelle fließe, ströme klar und rein.
In meinen Korb, da bind' ich dich ein.
Quelle will mir Zeichen sein,
so wie sie kann ich auch sein.
Quelle!

5. Gegen den Strom schwimmen, ja, das mus sein.
In meinen Korb, da bind' ich dich ein.
Fische woll'n mir Zeichen sein,
so wie sie kann ich auch sein.
Fische!

6. Schlange, Schlange, Schlange häute dich!
In meinen Korb, da bind' ich dich.
Schlange will mir Zeichen sein,
so wie sie kann ich auch sein.
Schlange!

WIE ADLERAUGE SEINEN NAMEN BEKAM

GEDANKEN

Eine der großartigen Erzählungen des Alten Testamentes ist, wie Gott dem Mose am brennenden Dornbusch seinen Namen kundtut. Er offenbart sich als der „Ich bin da". In diesem Namen kommt Gottes Wesen zum Vorschein. ER ist zugegen gleich der Luft, die wir atmen. ER trägt alles. Alles, was ist, hat Bestand aus IHM und in IHM. Weil ER da ist, sind wir da.

Einen Namen tragen wir alle. Er wurde uns vor unserer Geburt zugedacht und nach unserer Geburt zugesagt. Mit ihm sind wir auf dem Standesamt, dem Einwohnermeldeamt registriert. Bei der Taufe wurden wir mit unserem Namen gerufen. Auf den Namen des Vaters, des Sohnes, des heiligen Geistes sind wir getauft. Im Laufe unseres Lebens erhalten wir Kosenamen und vielleicht Spitznamen. In ihnen finden unsere Individualität, unsere Stärken und Schwächen, die Beziehung anderer Menschen zu uns Ausdruck.

Bei den Indianern ist es Brauch, den Kindern erst mit sechs oder sieben Jahren einen Namen zu geben. Er kommt aus der Beobachtung ihrer Wesensart. Der Name beschreibt, worin sich das Kind besonders auszeichnet oder was es sich noch anzueignen hat. So kann ein sehr kräftiges, mutiges Kind starker Bär heißen, aber ebenso auch ein sehr ängstliches. Stammesälteste, Großeltern und Eltern wollen auf diese Weise dem Kind in seine Identität hineinhelfen. Als junge Frau, als junger Mann kann sich der Indianer schließlich noch selbst einen Namen geben, der von seiner Selbsteinschätzung erzählt, von dem, was er sein möchte.

Es ist reizvoll, mit Kindern im Rahmen eines Indianerprojektes auf Namenssuche zu gehen und in Bildern, Metaphern, ja in Poesie zu Wesensaussagen zu kommen. Da haben beispielsweise Kinder einer ersten Klasse folgende Namen gewählt bzw. zugewiesen bekommen: Kleiner Mond, Lachender Stern, Starker Tiger, Silberner Fisch, Singender Vogel, Starker Bär. Jedes Kind durfte sich ein Stirnband mit den Elementen Feuer, Wasser, Luft und Erde und einem Symbol für den eigenen Namen gestalten
Prozesse dieser Art führen zu gegenseitiger Wahrnehmung, zu Einfühlung. Die Einschätzung durch andere, Selbsteinschätzung, Wunschvorstellungen werden in Sprache gebracht, Toleranz, Akzeptanz werden gefördert.

GESTALTUNG

Der vorliegende Vorschlag ist als roter Faden gedacht. Er bedarf, der jeweiligen Situation entsprechend, der Abänderung und weiteren Ausgestaltung.

Er weist folgende Schritte auf:
1. Eine Geschichte von einer Namenssuche bzw. Namensgebung
2. Die eigene Namenssuche

3. Die Anfertigung eines Stirnbandes
4. Eine Geburtstagsfeier

1. Geschichte

Stellt euch vor, vor wenigen Tagen ist ein Kind geboren worden, ein Indianerkind. Die Mutter hält es überglücklich in ihren Armen und summt ein Lied, wie es alle Mütter auf der Erde tun, ein Wiegenlied – ein Schlaflied.

Text und Melodie: Franz Kett

Hejohe, schlaf' mein Kind!
Hejohe, träum' mein Kind!
Träum von Wolken und vom Wind!
Schlaf' und träum' mein Kind!
Hey-hey-hej-o he!

Hejohe, schlaf' mein Kind!
Hejohe, träum' mein Kind!
Träum vom Adler, er fliegt frei!
Schlaf' und träum' mein Kind!
Hey-hey-hej-o he!

In ihrem Herzen trägt die Mutter viele gute Gedanken für ihr Kind. Was sie ihm besonders wünscht, sind gute, klare Augen, mit denen es die Welt zu entdecken und zu schauen vermag.
Die Tage und Monate vergehen. Die Sonne steigt auf und geht wieder unter. Regen und Wind, Hitze und Kälte, Sommer und Winter wechseln sich ab. Alles kommt und geht auch wieder. So ist der Kreis des Lebens. Das kleine Indianerkind aber wächst heran. Es hat wahrhaftig neugierige und wache Augen. Ihr könnt euch vorstellen, was es alles entdeckt, beobachtet. Da sind am frühen Morgen die funkelnden Tautropfen auf Blättern und Blüten. Da ist ein Glitzern, ein silbriger Schein, der auf dem Wasser des Sees liegt. Unser Indianerkind liebt es, oft ganz ruhig und still dazusitzen und einfach zu schauen und zu lauschen. Es hört das Quellen und Fließen des Wassers, das Rauschen des Windes, den Schrei des Adlervogels. Es schaut den Fischen zu, wie sie von einem Ort zum anderen flitzen, sich hinter Steinen und Wasserpflanzen verstecken und blitzschnell wieder hervorkommen. Es findet eines Tages endlich die

Feder des Vogels, den es besonders bewundert, des Adlers. Stolz zeigt es die Feder seinen Eltern. Die freuen sich. Eines Tages wird die Feder unser Kind schmücken, denken sie und bewahren die Feder gut auf.
Immer mehr lernt das Indianerkind auch das Leben seines Stammes kennen. Es freut sich auf den Tag, wo es seinen Namen bekommen soll; denn noch hat es keinen eigenen. Mit großem Eifer fertigt es für dieses Fest ein Stirnband. Geschickt malt es farbige Punkte und andere Zeichen auf sein Band. Immer wieder denkt es: Welchen Namen werden mir meine Eltern geben?

Endlich kommt der Tag. Am Morgen darf das Indianerkind sein farbiges Stirnband umbinden. Alle im Stamm freuen sich, dass es so schön geworden ist. Sie lachen ihm an diesem Tag freundlich zu, denn sie wissen: Dies ist ein ganz besonderer Tag für dieses Kind.
Als die Sonne untergeht, kommen alle zum Feuerplatz, große und kleine. Unser Indianerkind sitzt still vor dem Tipi seiner Eltern. Der Vater entzündet das Feuer. Die Trommel wird geschlagen. Der Häuptling beginnt zu singen:

Text und Melodie: Franz Kett

2. Hejohe, hört gut mit, hejo, hejo, ho.
   Welchen Namen trägt das Kind, hejo, hejo, ho.

Immer wieder schaut das Indianerkind, das heute seinen Namen erhalten soll, zu seinem Vater, der am Feuer steht. Da verstummen plötzlich Trommel und der gemeinsame Gesang. Was hält der Vater in seinen Händen? Ist es nicht die große Adlerfeder, die das Kind gefunden hat? „Adlerauge" klingt es durch die Nacht. „Adlerauge komm!" Und „Adlerauge" steht auf, geht zu seinem Vater. Der Vater streicht mit der Feder über den Kopf von „Adlerauge". Er spricht: „Ich wünsche dir die Augen eines Adlers. Weit sollst du sehen und gut. Du sollst alles sehen, was um dich herum geschieht. Du sollst es sehen und tun, was zu tun ist." „Adlerauge" so ruft auch die Mutter. „Adlerauge" rufen alle im Stamm. Wieder ertönt die Trommel und alle stimmen in den Gesang des Häuptlings ein.

3. Hejohe, singt jetzt mit, hejo, hejo, ho.
   Hejohe, freut euch mit, hejo, hejo, ho.

4. Adlerauge heißt das Kind, hejo, hejo, ho.
   Wie ein Adler sollst du sein, hejo, hejo, ho.

2. Eigene Namenssuche

Unsere Geschichte vermag den Prozess einer eigenen Namenssuche und Namensfindung durch jedes Kind einzuleiten. Dazu bedarf es, je nach dem Alter und der Größe der Gruppe, mehr oder weniger Zeit.
Ein Spiel – es kommt, wie so vieles in diesem Heft, von Frau Rosmarie Guggenmos – ermöglicht die Namenssuche. Es gilt für jeden, ein Krafttier zu finden. Der Anleiter führt die Kinder in ihrer Phantasie an einen Bach, auf einen Pfad, in den Wald, in die Prärie. Er lässt sie neugierig werden, welchem Tier sie begegnen werden. Alles geschieht zwanglos; denn es kann sein, dass sich für den einzelnen ein Tier erst morgen zeigt oder übermorgen.
Manchmal sieht man das Tier nicht selbst, sondern nur Spuren von ihm auf der Erde. Manchmal hört man von ihm Geräusche, Laute. Vielleicht will es einem damit etwas sagen.
Wer nach solch einer Führung Vorstellungen bekommen, sein Tier gefunden hat, soll davon erzählen. Das Krafttier kann einem viel zeigen. So vermag z. B. das Eichhörnchen einen zu lehren, wie schön es ist, Hindernisse zu überwinden. Es sagt einem auch, dass für den Winter vorzusorgen ist. Es gilt Vorräte anzulegen, sie zu verstecken und auch einzuteilen. Vielleicht will das Kind, dessen Krafttier das Eichhörnchen geworden ist, selbst flinkes Eichhörnchen genannt werden.

Andere Möglichkeiten, einen Namen zu finden, sind die Vorgabe von Bildern mit Tieren aus der Lebenswelt der Indianer oder auch von Symbolzeichen wie Sonne, Mond, Sterne. Gespräche in der Gruppe, welcher Name für den einzelnen besonders passt, schließen sich an.

3. Anfertigung eines Stirnbandes

Material und Arbeitsweise:
- Stoffband aus Leinen oder einfachem Gewebe (Länge: Kopfumfang)
- Stoffmalfarben, Pinsel, Korken oder Moosgummi für die Druckmotive
- Stickgarne zum Besticken des Stirnbandes
- An beiden Seiten des Stirnbandes werden Wollfäden in den Farben der Elemente angeknüpft, um es am Hinterkopf zusammenzubinden:

Braun: für die Erde
Gelb: für die Sonne
Rot: für das Feuer
Hellblau: für die Luft
Dunkelblau: für das Wasser

4. Geburtstagsfeier

Hat ein Kind während der Zeit unseres Indianerprojekts Geburtstag, können wir dieses Fest in unser Thema integrieren. Vor allem am Ende unseres Projekts kennen wir eine Reihe von Liedern, Tänzen, Ritualen, aus denen sich sehr wohl ein Fest gestalten lässt. Das Geburtstagsfest bietet auch Anlaß, dem Kind seinen Indianernamen zu geben.

Einzelne Schritte für eine derartige Feier wären:

a) Eine runde braune Decke wird ausgelegt oder stattdessen ein Quadrat aus vier braunen Rhythmiktüchern. Das Quadrat wird eingerundet.

b) Das Geburtstagskind nimmt in der Mitte der Decke Platz. Es wird mit seinem Stirnband geschmückt.

c) Der Häuptling schlägt die Trommel. Er singt das Lied, wie auf S. 58 des Heftes angegeben. Er fordert alle auf, die Verse zu wiederholen.

d) Das Räucherritual, siehe Heft S. 35, wird vollzogen.
Einzelne Kinder fächeln dem Geburtstagskind mit einer Feder Salbeiduft zu und sprechen dem Namen entsprechende Wünsche aus, z.B. bei der Namensgebung „Heller Stern“:
- Deine Augen sollen wie Sterne funkeln!
- Dein Gesicht soll wie ein Stern leuchten!
- In der Nacht soll dir ein Stern leuchten, usw.

e) Die Kinder ehren das Geburtstagskind, indem sie ihm ein Indianermandala gestalten. Die Gestaltung geschieht am Rand des „Erdkreises“. Wir verwenden dazu Naturmaterial wie kleine und größere, runde Steine, Muscheln, Zapfen von der Lärche, Holzplättchen, bunte Blätter, Zweige in gleicher Länge (etwa 10 cm) und anderes.
Der Häuptling oder ein Kind gibt die Art des Legeelementes und auch die Weise seiner Anordnung vor. Ein Schlag auf der Trommel mag zum Ablegen auffordern.

f) Unser Fest findet mit dem indianischen Segenstanz für das Kind seinen Abschluss.

Zur Geburt eines Kindes

Ho! Ihr Sonne, Mond und Sterne,
    all ihr, die ihr euch in den Himmeln bewegt,
    bitte hört mich:
In eure Mitte ist ein **neues Leben** gekommen,
nehmt es auf, bitte, macht seinen Weg eben,
sodass es erreichen möge den Rand der ersten Anhöhe.

Ho! Ihr Winde, Wolken, Regen, Nebel,
    all ihr, die ihr euch in der Luft bewegt,
    bitte hört mich:
In eure Mitte ist ein **neues Leben** gekommen,
nehmt es auf, bitte, macht seinen Weg eben,
sodass es erreichen möge den Rand der zweiten Anhöhe.

Ho! Ihr Hügel, Täler, Flüsse, Seen, Bäume, Gräser,
    all ihr von der Erde,
    bitte hört mich:
In eure Mitte ist ein **neues Leben** gekommen,
nehmt es auf, bitte, macht seinen Weg eben,
sodass es erreichen möge den Rand der dritten Anhöhe.

Ho! Ihr Vögel groß und klein, die ihr fliegt in der Luft.

Ho! Ihr Tiere groß und klein, die ihr wohnt in den Wäldern.

Ho! Ihr Insekten, die ihr kriecht zwischen Gräsern
    und euch in den Boden grabt,
    bitte hört mich:
In eure Mitte ist ein **neues Leben** gekommen,
nehmt es auf, bitte, macht seinen Weg eben,
sodass es erreichen möge den Rand der vierten Anhöhe.

Ho! Alle ihr von den Himmeln,
    alle ihr von der Luft, alle ihr von der Erde,
    bitte hört mich:
In eure Mitte ist ein **neues Leben** gekommen,
nehmt es auf, nehmt es alle auf, bitte, macht seinen Weg eben,
dann wird es wandeln über die vier Anhöhen hinaus.

Gebet eines Schamanen der Omahu Indianer

DIE ERDBOHNEN – EINE GESCHICHTE VOM NEHMEN UND GEBEN

Die Herkunft der Geschichte ist uns nicht bekannt, ausgestaltet wurde sie von Frau Eva Fiedler.

„Wenn du wo etwas mitnimmst, musst du auch etwas zurücklassen." Indianisches Lebensverständnis wird von diesem Grundsatz geprägt. Es verrät eine hohe Achtung vor der Schöpfung, eine Geschwisterlichkeit mit ihr. Alles und jedes ist miteinander verbunden. Wir würden heute sagen, vernetzt.

Erzähltext mit Spielanweisungen

Vorbereitet wurde aus braunen Tüchern eine „Erdhöhle". Sie ist mit dunklen Bohnenkernen gefüllt und wird von Dornen umgeben. Es bedarf ferner eines kleinen Korbes, in dem sich Maiskörner und einige kleine Speckwürfel befinden.

> *Ich erzähle euch von einem Jungen. Er heißt „Wachsames Auge." An diesem Namen können wir erkennen, dass der Junge in einem fremden Land wohnt. Er ist ein Indianerjunge.*
> *„Wachsames Auge" tut, was Indianerkinder und wohl alle Kinder gerne tun.*

Der Erzähler spielt gestenhaft vor, die Kinder sollen es erraten:
- auf einen Baum steigen
- sich anschleichen, verstecken
- mit Pfeil und Bogen schießen, usw.

> *„Wachsames Auge" kann aber nicht immer spielen. Er gehört schon zu den größeren Jungen seines Stammes. So bekommt er auch immer wieder eine Aufgabe. „Nur, wenn wir zusammenhalten und zusammenhelfen, können wir leben, wird das Leben", sagt der Häuptling. So sammelt „Wachsames Auge" Holz für das Feuer. Er passt auf, dass das Feuer nicht erlischt. Er schöpft Wasser aus dem Fluß.*
> *Eines Tages ruft die Mutter: „Wachsames Auge, du siehst so gut wie keiner von uns. Geh und suche Erdbohnen. Wir brauchen sie heute zum Essen!"*
> *„Wachsames Auge" nimmt einen Korb. Bevor er geht, gibt er noch eine Handvoll Maiskörner in den Korb und einige Speckwürfel. „Wachsames Auge" weiß schon warum. Wir werden es auch bald verstehen.*

Ein Körbchen mit entsprechendem Inhalt macht die Runde.

> *„Wachsames Auge" geht in den nahen Wald. Er sucht einen Platz, der voll von Dornen ist, ganz von Gestrüpp umgeben. „Wachsames Auge" weiß, hier gibt es Erdbohnen, aber wo?*

Der Junge schaut ganz aufmerksam. Da! Er hat es entdeckt! Mäusespuren sieht er. Kleine Trampelpfade führen zu einem Loch, ganz im Gestrüpp, in den Dornen versteckt. „Wachsames Auge" bückt sich. Jetzt sieht er auch Mäuse laufen, kleine braune Mäuse. Sie laufen zum Loch, verschwinden, kommen wieder heraus. Sie tragen Erdbohnen in das Loch. In ihrem Maul tragen sie die Bohnen.
„Wachsames Auge" rührt sich nicht. Er wagt kaum zu atmen. Als er glaubt, dass alle Mäuse unterwegs sind, um neue Bohnen zu bringen, steckt er seine Hand in das Erdloch. Ja, ein großer Vorrat ist schon angesammelt. Vorsichtig holt er die Bohnen aus der Höhle und füllt damit seinen Korb.

Einzelne Kinder verrichten diese Arbeit.

Wachsames Auge weiß aber auch, dass er den Mäusen nicht alles fortnehmen darf. Bald kommt der Winter und sie brauchen Futter. Auch hat der Häuptling gesagt, wo man etwas nimmt, muß man auch etwas zurücklassen. So lässt er die Hälfte der Bohnen in der Höhle und für die, die er mitnimmt, steckt er die Maiskörner und Speckstückchen ins Loch. Es ist wie ein Tausch, und alle haben zu essen, seine Familie und die Mäuse. So will es auch der große Manitu im Himmel. Und dann macht sich „Wachsames Auge" auf den Weg nach Hause. Er ist zufrieden. Die Mäuse haben ihm gezeigt, wo Erdbohnen zu finden sind. Die Mutter wird sie kochen. Was wird das für ein gutes Essen werden. Das Wasser läuft ihm im Mund zusammen, wenn er nur daran denkt.

Vielleicht kochen wir aus den Bohnen ein gutes Bohnengemüse mit kleinen Speckwürfeln darin.

KURSAUSCHREIBUNGEN

Multiplikatorenkurse

Die Kurse richten sich an einen Personenkreis, der sich mit der Pädagogik der Religionspädagogischen Praxis bereits auseinandergesetzt hat und sie anwendet. Der Blick richtet sich vor allem auf die persönliche Vertiefung im eigenen Glaubensleben und die kompetente Vermittlung im jeweiligen Arbeitsbereich.

1. Kurs: Haus Ohrbeck bei Osnabrück

Zeitrahmen:	ein Wochenseminar und vier Seminare, jeweils Donnerstag Abend bis Sonntag, Beginn: Oktober 2005
Leitung:	Franz Kett, Pastor Werner Ropohl, Mechthild Schmitz-Hübsch, Josefa Pranger, Thomas Brunnhuber
Kosten:	Woche 270,– €, 2.–5. Abschnitt 220,– € (incl. Kurskosten von 100,– €)
Anmeldung und nähere Auskunft:	Haus Ohrbeck, Am Boberg 10 49124 Georgsmarienhütte Telefon: 05401/336-0, Fax: 336-66 email: info@haus-ohrbeck.de

2. Kurs: Begegnungsstätte St. Ludgeri, Helmstedt

Zeitrahmen:	vier Wochenseminare 1. Kursabschnitt 17.10.–21.10.2005 2. Kursabschnitt 31.01.–03.02.2006 3. Kursabschnitt 16.10.–20.10.2006 4. Kursabschnitt 29.01.–02.02.2007
Leitung:	Pastor Werner Ropohl mit jeweils einem Referenten aus dem Münchner Team: Franz Kett, Thomas Brunnhuber, Margot Eder, usw.
Kosten:	230,– € EZ; 208,– € DZ (incl. Kurskosten von 80,60 €)
Anmeldung:	Pastor Werner Ropohl Gut Grauhof 16, 38644 Goslar Telefon & Fax: 05321/85260

WOCHENENDKURS IN STEINERSKIRCHEN BEI INGOLSTADT

Thema:	Sinnorientiert leben – sinnorientiert erziehen
Zeit:	Freitag, 21.01.2005 18^{00} Uhr – Sonntag 23.01.2005 13^{00} Uhr
Leitung:	Franz Kett, Religionspädagoge Martin Schneider, Theologe, Psychotherapeut
Kosten:	84, € EZ; 69, € DZ, dazu Kursgebühr 60,– €
Anmeldung:	Franz Kett, Irisstraße 4, 82194 Gröbenzell

KURSAUSCHREIBUNG

Leitung Sr. Esther Kaufmann und P. Dr. Meinulf Blechschmidt

Klosterstr. 7
55595 Spabrücken (Kreis Bad Kreuznach)
Anmeldung bitte schriftlich

27.10.–31.10.2004 NR. 2404

Exerzitien: einfach (–) offen werden für Gott

Elemente der Tage:
- ❍ gemeinsame, ganzheitliche Einführung
- ❍ Erschließen eines biblischen Textes
- ❍ Schweigen
- ❍ Eucharistiefeier, Anbetung
- ❍ persönliches Gespräch

Beginn: Dienstag, 27.07.2004, 15^{00} Uhr (Kaffee)
Ende: Samstag, 31.07.2004, 10^{00} Uhr
Kosten: insgesamt 250,– €

30.08.–01.09.2004 NR. 2405

Erstkommunionkatechese und Beichte

Mit Kindern und auch Eltern auf dem Weg zum Geheimnis des Glaubens
- ❍ unser Kurs: „Heute noch muss ich bei dir Gast sein“
- ❍ ein Weg, dass auch Eltern neu den Glauben entdecken
- ❍ Kinder liturgiefähig, offen werden für dieses Geheimnis
- ❍ Katechetinnen den Weg mit den Kindern überzeugt gehen können

Beginn: Montag, 30.08.2004, 15^{00} Uhr (Kaffee)
Ende: Mittwoch, 1.09.2004, 13^{00} Uhr
Kosten insgesamt 120,– €

Betriebsurlaub

vom 2. bis 14. August 2004